일러두기

▶ 이 책에 나오는 수도권 도시 철도의 정보는 2021년 2월을 기준으로 하였습니다. 추가되는 노선과 역의 최신 정보는
서울교통공사 홈페이지에서 확인하실 수 있습니다. (http://www.seoulmetro.co.kr/kr/cyberStation.do)

▶ 이 책은 수도권 도시 철도의 각 노선과 주변 지형을 한눈에 볼 수 있도록 구성하였습니다.
다만, 본문 7~8쪽의 지하철 1호선과 66~67쪽의 수인선은 그 범위가 넓은 관계로 모든 역을 다루지 못했습니다.
생략된 역은 본문 4~5쪽에 있는 전체 노선도에서 확인하실 수 있습니다.

▶ '이번 역은~ ♬' 장면에서 환승역은 역 이름이 적힌 원에 해당 노선의 색과 환승 노선의 색을
이중으로 둘러 표현하였습니다. 작은 원에는 인접한 다른 노선의 역을 표시하였습니다.

▶ 한강에 있는 다리의 이름은 본문 12~13쪽 2호선 장면에 표시해 두었습니다. 다른 호선 장면에서는
해당 호선 지하철이 지나가는 다리의 이름과 2호선 장면에 등장하지 않은 다리의 이름만 표시해 두었습니다.

지식곰곰 06 입체 지도로 보는 우리 역사 문화

열두 달 지하철 여행

김성은 글 ◉ 한태희 그림

 서울 수도권 광역 전철 노선도

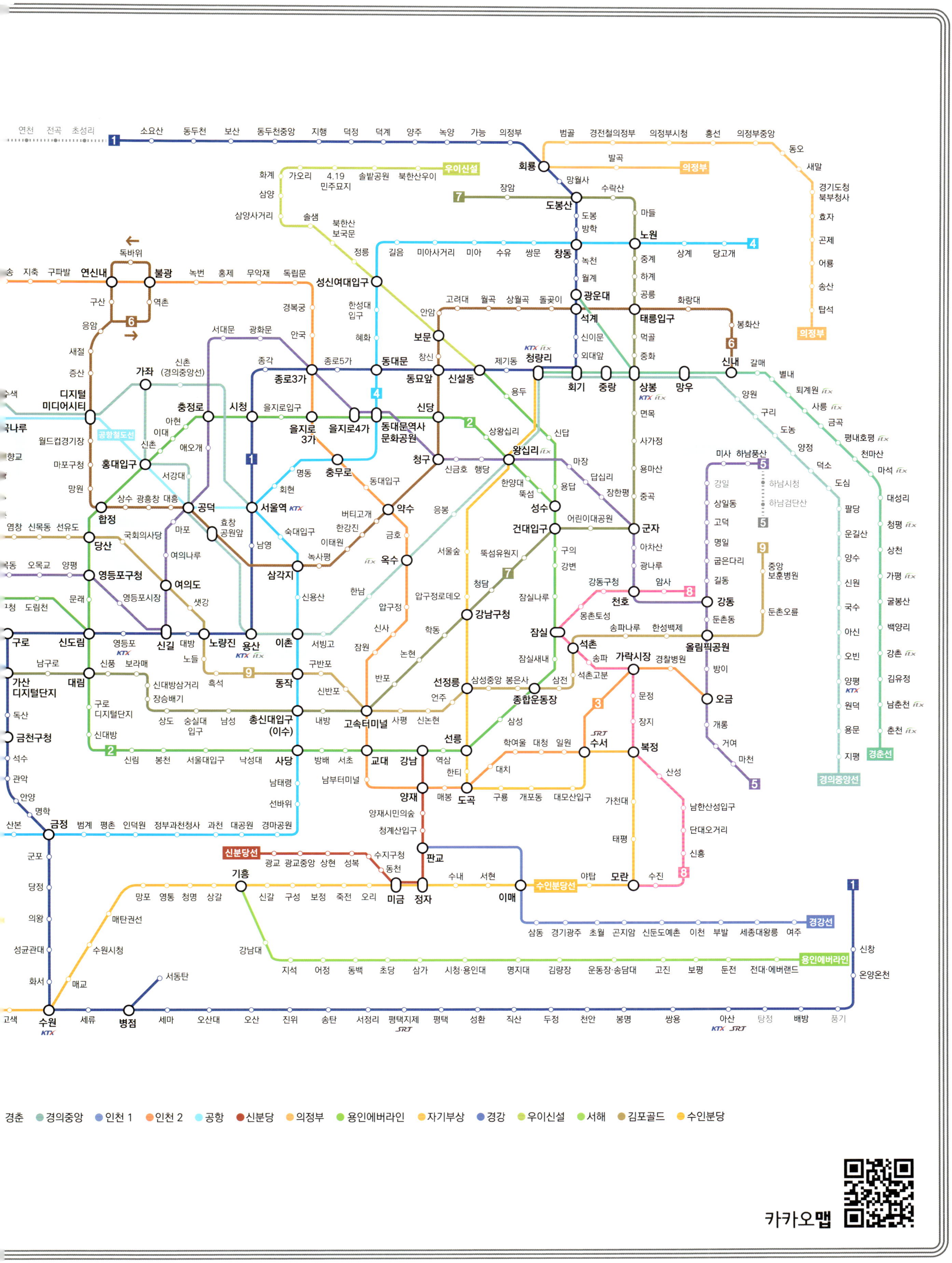

1월에는 1호선 최초의 지하철 길을 따라

1호선의 정식 이름은 '수도권 전철 1호선'이에요.
경기도 동두천에서 출발해 서울을 가로질러 충청남도 아산까지 가는 우리나라에서 가장 긴 노선이지요.
노선 색은 남색이고, 모두 98개 역이 있어요.
이 중 청량리역에서 서울역까지는 우리나라에서 맨 처음 생긴 지하철 구간이랍니다.
"오, 이제 보니 1호선은 내 친구잖아! 1974년에 태어났으니 나랑 나이가 같네."
아빠는 마치 아이처럼 좋아했어요.
청량리역과 서울역은 지방으로 가는 철도가 출발하는 곳이고 그 사이에는 큰 시장과 중요 관청들이 있지요.
"우리의 첫 번째 여행은 처음에 걸맞게 '최초의 지하철 길'을 따라가 보면 어떨까?"
"에이, 아빠 친구 지하철이라서 그런 건 아니고요?" 내가 놀리자 아빠는 웃으며 대답했어요.
"하하, 그렇기도 하고." 그렇게 청량리역에서 1호선 여행이 시작되었어요.

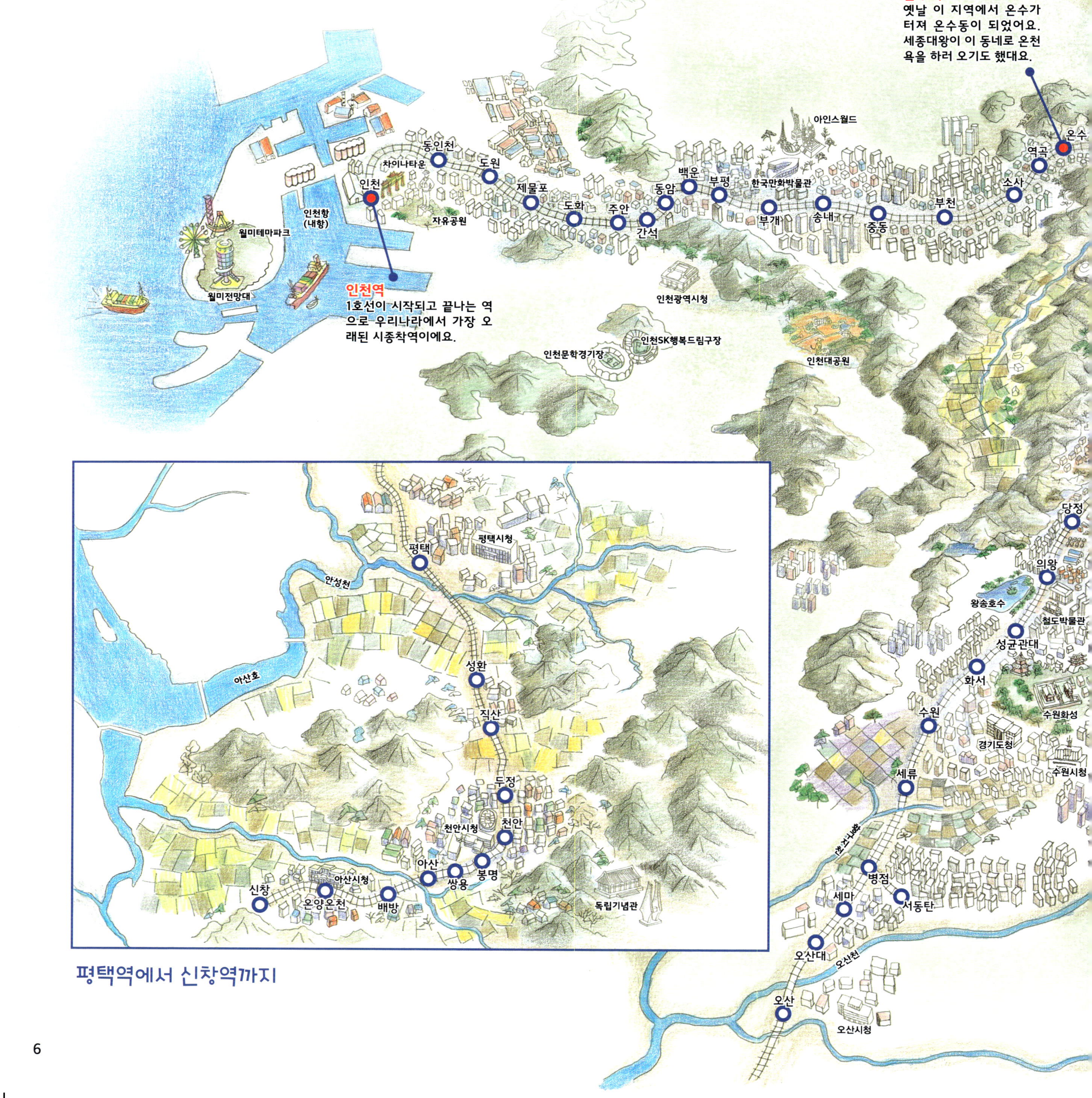

온수역
옛날 이 지역에서 온수가 터져 온수동이 되었어요. 세종대왕이 이 동네로 온천욕을 하러 오기도 했대요.

인천역
1호선이 시작되고 끝나는 역으로 우리나라에서 가장 오래된 시종착역이에요.

평택역에서 신창역까지

 이번 역은~♪

제기동

#서울약령시 #국내 최대 약재시장 #없는 약이 없어요

서울약령시에서는 한약에 넣는 재료들을 팔아요. 계피, 우엉, 둥굴레, 칡뿌리, 홍화씨, 오미자, 구기자……. 아빠가 그중 하나를 가리키며 말했어요. "약방의 감초라고 들어 봤니? 무슨 일이든 꼭 끼어드는 사람이나 물건을 두고 하는 말이지. 이게 그 감초란다. 한약을 지을 때 거의 빠짐없이 들어가거든."

아빠는 "흠흠, 냄새 좋다." 하면서 한약재로 만든 방향제를 샀어요. 자동차에 걸어 둘 거래요. 지금은 코를 막지만 어른이 되면 나도 이 냄새가 좋아질까요?

#시장 입구에서 #기념품 #아빠 취향

동묘앞 / 신당

#동묘 #황학동벼룩시장 #옛날 전화기

음악다방이라는 간판이 붙은 가게에서 아빠가 소리쳤어요. "와, 엘피판이네! 아빠 어렸을 때 할아버지가 이걸로 음악을 들으셨어." 검고 동그란 판이 빙글빙글 돌아가면서 노래가 나오는 게 신기해요. 가끔 찌-익 판 긁히는 소리가 나기도 해요.

#음악다방 #LP 감성

새것 빼고는 다 있다는 황학동벼룩시장에서 재미있는 걸 발견했어요. 옛날 전화기인데 손가락으로 숫자를 돌려서 전화를 거는 거래요.
"그런데 전화기에 왜 자물쇠가 달려 있어요?"
"전화비 많이 나올까 봐 함부로 못 걸게 하려고."
맙소사! 옛날엔 전화비가 무지 비쌌나 봐요.

종로 5가

광장시장에서 김밥을 먹는데 배가 부른대도 자꾸자꾸 집어 먹게 되는 거예요. 그래서 이름이 마약김밥이래요. 한번 먹으면 중독이 돼서 자꾸 먹게 되니까요.

#광장시장 #먹거리 천국 #마약김밥

종각

#보신각 #제야의 종 #새해맞이

아, 텔레비전에서 봤어요.
해마다 12월 31일 밤 12시에 제야의 종을 치는 곳이에요.
33번 종을 쳐서 묵은해를 보내고 새해를 맞이하지요.
보신각을 종각으로도 불러서 역 이름이 종각이 되었어요.

시청

서울특별시청은 서울시의 여러 정책을 세우고
살림을 꾸리는 곳이에요. 앞에 있는 건물은 오랫동안
시청으로 쓰이다 지금은 도서관으로 바뀌었어요.
뒤쪽에 번쩍이는 새 건물이 새 시청이에요.

#서울특별시청 #서울시 살림 #서울도서관

시청 앞에서 스케이트를 탈 거라고는
정말 상상도 못했어요.
"앞으로 시청 하면 스케이트부터
떠오를 것 같아요."
그러자 아빠가 놀려 댔어요.
"엉덩방아가 아니고?"

#서울광장 #스케이트장 #장갑 필수

아빠, 기차가 느려지고 시끄러운 소리도 나요.

종각역에서 시청역 사이는 곡선 구간이라 속도를 줄여 천천히 달린단다. 열차의 쇠바퀴가 철로가 휘어진 부분에 닿으면서 끽끽 소음이 나는 거고.

여긴 어디?

서울역은 모든 철도역의 중심이 되는 곳이에요. 하루에도 수십 편의 열차가 출발·도착하고 지하철 노선만 해도 4개가 지나가거든요. 또 1호선 중에서 이용하는 사람이 가장 많은 역이에요. 지금의 서울역 역사는 2004년에 새로 지은 건물이고, 100년 넘게 사용되던 옛 역사는 **문화역서울284**라는 이름으로 다시 태어났지요. "아빠, 284라는 숫자는 무얼 뜻해요?" "옛 서울역 역사는 우리나라 역 중에 가장 오래되었단다. 그 점을 인정받아 '사적 284호'로 지정되었는데 그 숫자를 따서 이름을 지은 거지." "그럼 지금은 뭐 하는 곳인데요?" "다양한 전시와 공연이 열리는 문화 공간이란다. 옛 서울역의 모습을 그대로 보존해 놓았다니 그것도 볼만할 거야. 어, 저기 초록색 지붕이 보이네. 저기야!"

문화역서울284 현관 앞에는 한국 철도 100주년을 기념하는 동판이 있어요. 동서남북으로 뻗어 나가는 기차를 상징하는 문양이 새겨져 있지요.

1층 중앙홀은 예전에 열차표를 사던 곳이었어요. 돔으로 된 천장의 화려한 스테인드글라스는 강강술래를 표현한 거래요.

서울로7017

근사하게 꾸며져 있는 귀빈실이에요. 이곳에서 기차를 기다리던 귀한 손님은 어떤 사람들이었을까요?

2월에는 2호선 별난 전시 별난 체험

2호선은 서울 시내를 둥그렇게 연결하는 순환선이에요. 노선 색은 초록색이고, 모두 51개 역이 있지요.
"아빠, 순환선이 무슨 뜻이에요?" "2호선 전철은 서울의 강북과 강남을 두루 거치며 한강 다리를 두 번 건너 출발역으로 돌아온단다. 그런데 전철에서 내리지 않고 계속 타고 있으면 어떻게 될까?"
"계속해서 돌고 또 돌겠네요. 아, 그래서 순환선이구나!"
"아직 날씨가 쌀쌀하니 2호선 여행은 재미난 실내 전시들을 찾아다녀 보자. 어디서 출발하는 게 좋을까?"
"전철이 어떻게 한강 다리를 건너는지 궁금해요."
"그럼 당산역에서 시계 방향으로 가는 전철을 타고 당산철교를 건너가면 되겠네. 자, 2호선 여행 출발!"

열차가 출발하면 곧 당산철교로 한강을 건널 거야.

그런데 왜 철교예요?

전철이 지나갈 수 있게 튼튼한 쇠로 지어서 철교란다. 한강에 놓인 철교는 모두 3개인데, 2호선은 그중 당산철교와 잠실철교를 지나가지.

신정지선
순환선에서 벗어나 신도림역에서 까치산역까지 가는 노선이에요.

낙성대역
낙성대는 귀주 대첩으로 유명한 고려의 장군 강감찬이 태어날 때 별이 떨어졌다는 곳이에요.

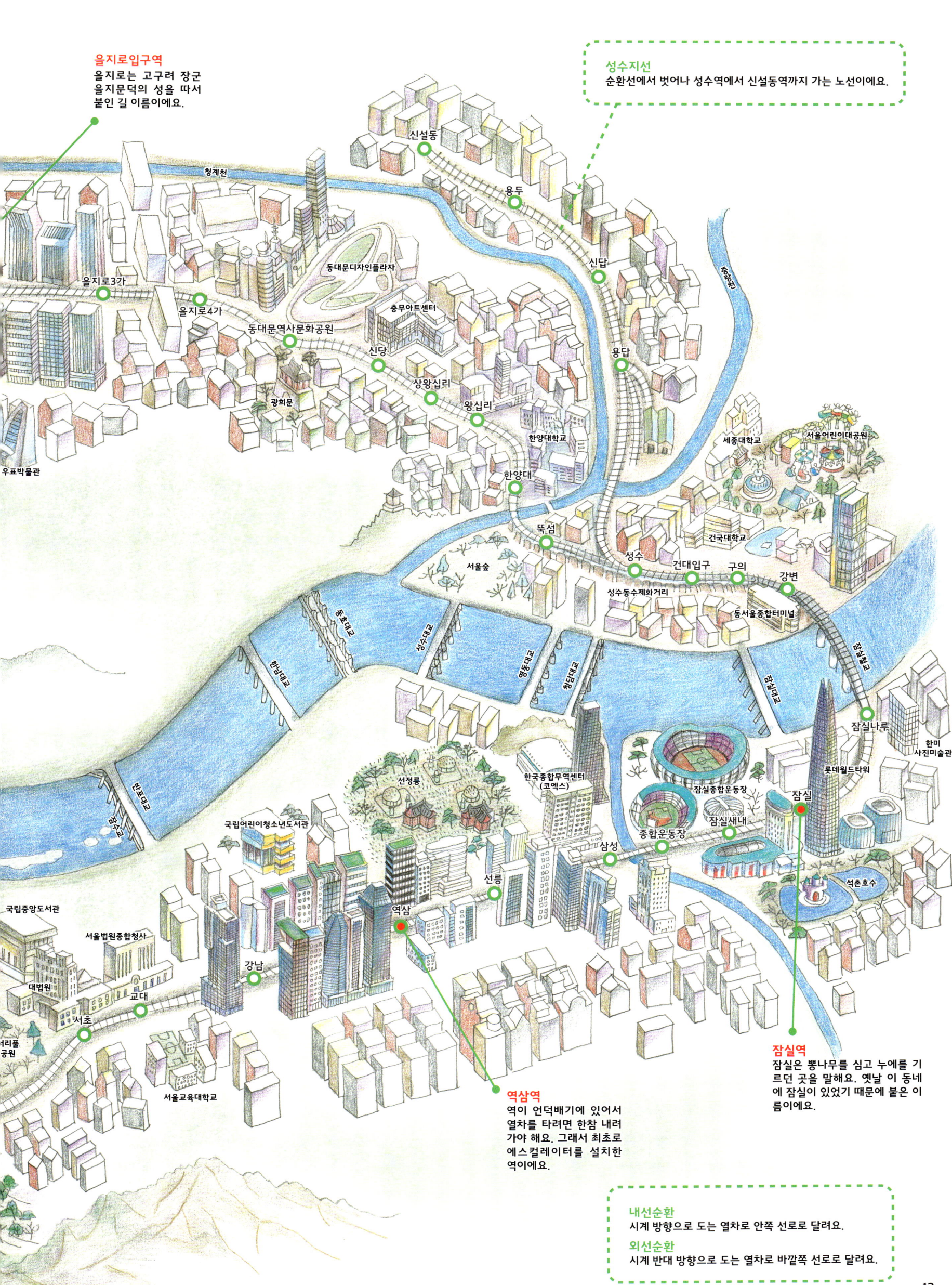

 이번 역은~♬

#화폐박물관 #돈은 뭘로 만들까 #옛날 돈

한국은행화폐박물관엔 옛날 돈, 외국 돈, 기념으로 만든 돈, 온갖 돈이 모여 있어요.
글쎄, 알고 보니 지폐가 종이가 아닌 거 있죠?
목화솜을 원료로 한 면섬유로 만든대요.
근데 아빠도 몰랐나 봐요.
"헉! 지폐가 종이로 만든 게 아니었다고?"

#위조지폐를 찾아라!

#한정판 #진짜 같죠?

진짜 돈과 가짜 돈을 가려내는 기계도 있어요.
내가 가진 돈이 진짜인지 궁금해져서
천 원짜리 지폐를 꺼내 확인해 보았어요.
후유, 다행히 진짜 돈이래요.

내 얼굴이 들어간 기념 화폐도 만들었어요.
세상에 하나뿐인 지폐예요.

작은 네모 속 커다란 세상을 만나러 왔어요.
바로 우표박물관이에요. 정말 작은 우표 속에
갖가지 세상 이야기가 들어 있네요.
이건 130년 전쯤 우리나라에서
맨 처음으로 만들어진 우표인데,
꼭 무슨 암호가 적혀 있는 것 같아요.

#우표박물관 #우리나라 1호 우표

#1년 뒤 나에게 #느린우체통

엽서를 써서 느린우체통에 넣으면
1년 뒤에 도착한대요.
정말 느림보 거북이 같죠?
나는 내 앞으로 엽서를 부쳤어요.
지하철 여행 잘 마친 것을 축하한다고 썼지요.
아빠도 나한테 편지를 썼다는데 내용은 비밀이래요.
아휴, 궁금한데 어떻게 1년이나 기다리죠?

#수제화 #구두 장인 #성수동

#구두 어원 #아빠도 몰랐네

"아빠, 구두는 순우리말일까요, 아닐까요?"
"음, 순우리말!"
"땡! 일본 말 '구쓰'에서 비롯된 말이래요."

성수역 안에는 특별한 전시장이 있어요.
성수동에는 구두를 만드는 제화 공장과 상점이 많은데,
이런 동네 특징을 살려 역 안을 전시장으로 꾸민 거죠.
전시장에서 구두 만드는 과정을 살펴보았어요. 구두 장인이
손으로 구두 한 켤레를 만드는 데 꼬박 일주일이 걸린대요.

#사진미술관 #생생한 사진 #순간 포착

한미사진미술관은 우리나라 최초의
사진 전문 미술관이에요. 미술관에는 그림이나 조각 작품만
있는 줄 알았는데 사진이 걸려 있어 신기했어요.
어떤 사진은 실제보다 더 생생한가 하면,
어떤 사진은 무엇을 찍었는지
알 수 없어 더 신비한 느낌이 들어요.

#오늘은 나도 사진작가

사진에 감성을 담아 찍어야 작품이 될 수 있대요.
무슨 말인지 좀 알쏭달쏭하지만,
해지는 풍경에 나만의 느낌을 담아 보았어요.
어때요, 미술 작품 같나요?

여러 색깔이 만나는 역은 다른 노선으로 갈아탈 수 있는 환승역이란다. 왕십리역은 4환승역이라 복잡하지.

왕십리역은 색깔이 왜 저렇게 많아요?

여긴 어디?

국립어린이청소년도서관

도서관 1층 로비에서 '일일 이용증'을 발급받아 입장해요. 1층 어린이자료실은 그림책, 동화책, 지식책 들로 가득해요. 나는 지하철을 타고 건너온 한강에 대한 책을 찾아 읽었어요.

2층 전시실은 전시 내용이 계속 바뀐대요. 지금은 체코 전통 인형극에 쓰는 인형을 전시하고 있었어요. 줄 인형, 손가락 인형, 막대 인형 들을 직접 움직여 봤어요.

지하에 있는 어린이독도체험관은 독도의 사계절 모습, 생태, 역사 들로 꾸며져 있어요. 독도의 모습도 실시간으로 볼 수 있지요. 와, 진짜 독도에 와 있는 것 같아요.

강남역은 우리나라에서 가장 복잡한 역이에요. 큰 지하상가가 있는 데다 역 위는 고층 빌딩들로 가득한 **테헤란로**거든요. 출퇴근하는 사람들, 쇼핑하는 사람들, 먹고 즐기려는 사람들로 늘 북적거리지요.

"테헤란로? 길 이름이 왜 외국어예요?"

"테헤란은 이란의 수도야. 예전에 테헤란 시장이 우리나라를 방문했을 때 서로 친하게 지내자며 길 이름을 테헤란로라고 지었단다. 마찬가지로 이란의 수도 테헤란에도 서울로라는 길이 있어."

테헤란로에는 은행, 보험, 증권 같은 금융 회사랑 정보 통신 회사가 많아요. 유명한 음식점들도요.

"아빠, 저기 **국립어린이청소년도서관** 이정표가 있어요."

"아, 저 골목이구나. 어린이와 청소년을 위한 곳이니까 재미난 게 많을 거야. 어서 가 보자."

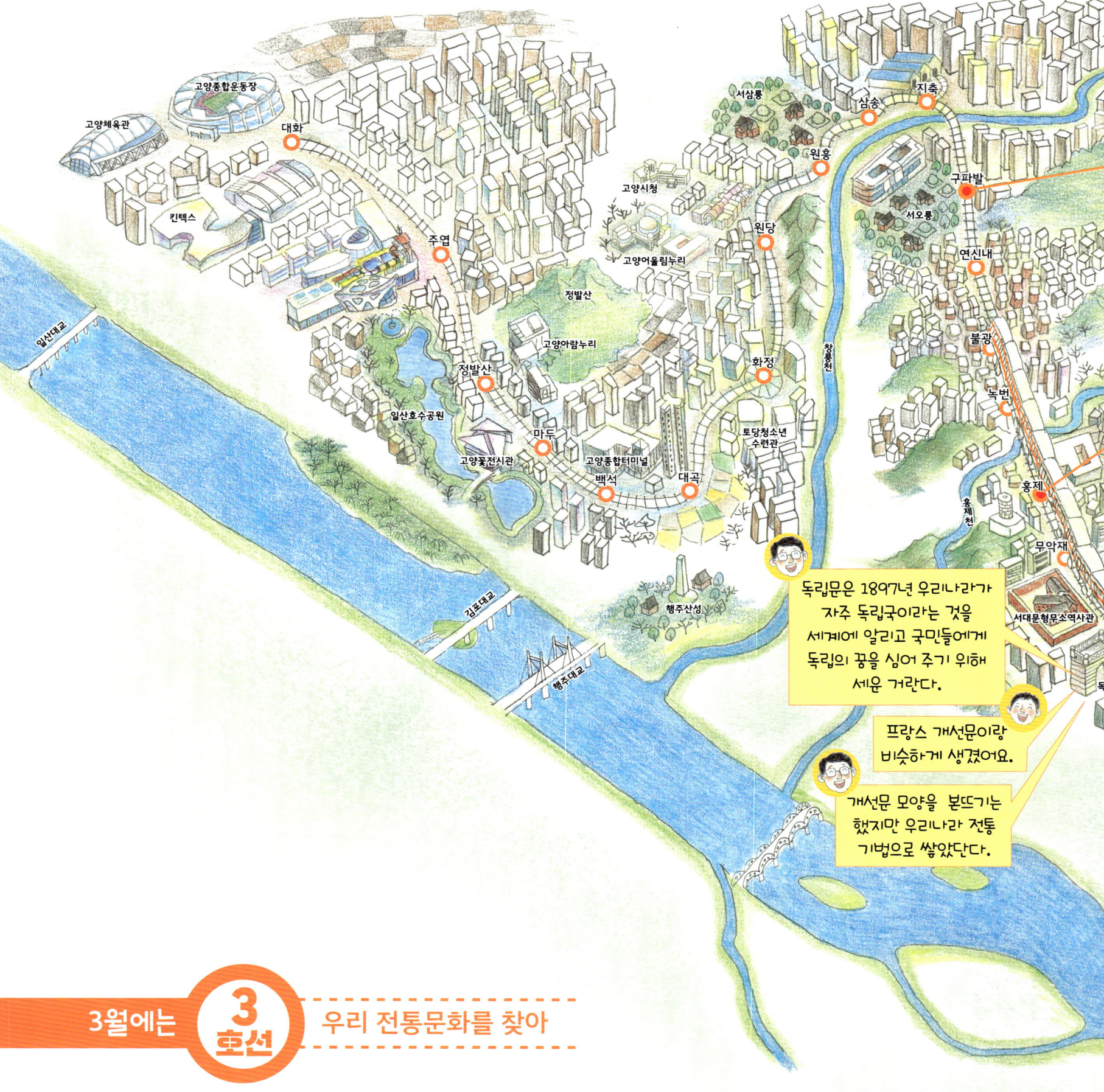

3월에는 **3호선** 우리 전통문화를 찾아

3호선은 경기도 고양시 대화역과 서울특별시 송파구 오금역을 잇는 노선이에요.
수도권 북서부 지역에서 남동부 지역으로 비스듬히 횡단하지요.
노선 색은 주황색이고, 44개 역이 있어요.
1호선이 청량리역과 서울역 같은 주요 기차역과 연결된다면, 3호선은 서울과 지방을 오가는
고속버스터미널과 이어져요. 그래서 고속터미널역은 늘 사람들로 북적거려요.
또 3호선은 경복궁, 창덕궁 같은 궁궐을 비롯해
우리나라 옛 모습을 알 수 있는 장소들을 두루 지나가요.
"3호선 여행은 우리 전통문화를 찾아 떠나 보자."
"인사동도 갈 거죠? 얼마 전 방송에서 봤는데 가 보고 싶어요."
"물론이지. 경복궁이랑 국립고궁박물관, 남산골한옥마을도 가고
국립국악원에서 사물놀이 구경도 하자. 출발은 우리 항일 운동의 역사를
고스란히 간직하고 있는 독립문역이 좋겠네."

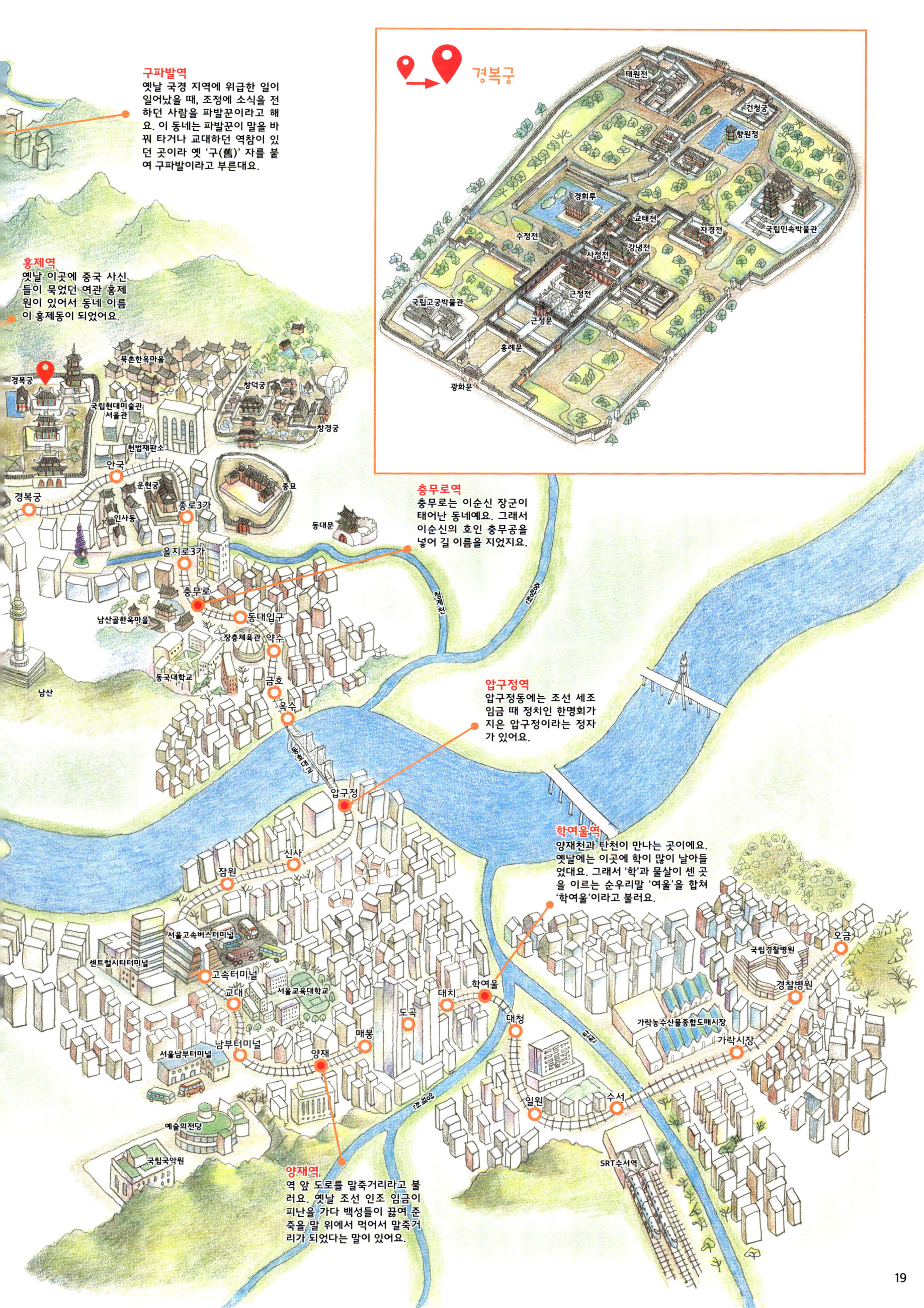

 이번 역은~♬

경복궁

#광화문 #경복궁 　　#수문장 교대식

광화문은 조선 시대 임금이 살던 경복궁의 정문이에요. 둥둥 북소리를 따라 광화문으로 들어서자, 마당에서 수문장 교대식이 열리고 있어요. 깃털 달린 빨간 모자를 쓴 사람이 궁궐의 문을 지키는 수문군의 대장, 수문장이래요.

경복궁 근정전은 왕과 신하들이 모여 나랏일을 결정하고, 즉위식 같은 큰 행사를 치르던 곳이에요. 근정전 앞 너른 마당에는 세 길이 있는데, 나는 가운데 길로 천천히 걸어 들어갔어요. 왕처럼 위엄 있는 모습으로요. 이 길은 왕이 다니던 길이고 양옆은 신하들이 다니던 길이래요.

#근정전 #즉위식 #왕의 길을 걷다!

#경회루 #연못에 용이 산다고?

#잡상 #궁궐 지킴이

"아빠, 저기 지붕 위에 동물 조각들이 있어요."
"잡상을 말하는 거구나. 삼장 법사, 손오공, 저팔계 같은 《서유기》 속 주인공들을 만들어 놓은 거야. 옛날에는 건물 위에 잡상을 만들어 놓으면 나쁜 귀신과 화재를 막을 수 있다고 믿었어."

경회루는 나라에 경사가 있을 때 잔치를 벌이던 곳이에요. 경회루를 고스란히 비추는 연못에서는 뱃놀이를 즐기기도 했지요. 이 연못을 만들 때 화재를 막으려고 용 두 마리를 만들어 넣었대요.

경복궁 안에 산이 있다니 믿어지나요? 왕비가 머무르던 교태전 뒤뜰에 '아미산'이라는 작은 동산이 있어요. 경회루 연못을 팔 때 나온 흙으로 쌓은 동산이래요. 철 따라 피고 지는 꽃과 나무에 붉은 벽돌로 쌓은 굴뚝이 운치를 더하지요.

#아미산 굴뚝 #보물 811호

#고궁박물관 #유물 전시

국립고궁박물관에 가면 경회루 연못에 넣었다던 용 한 마리를 볼 수 있어요. 나머지 한 마리는 아직 못 찾았대요.
아마 연못 속에 꼭꼭 숨어 불의 기운을 누르고 있겠죠?

안국
#인사동 #궁중 의상 #퍼레이드

빗자루냐고요?
아뇨! 붓이에요.
거인이 쓸 것 같은
커다란 붓이네요.

인사동 거리가 온통 시끌벅적! 궁중 의상 퍼레이드가 시작되었어요. 왕과 왕비, 신하, 군사, 궁녀, 내시, 무수리 옷을 입은 사람들이 줄지어 행진해요.

남산골한옥마을 마당에서 전통 혼례식이 열렸어요. 그런데 갑자기 사람들이 와하하하 웃음을 터트렸어요. 스위스에서 왔다는 키다리 새신랑이 너무 씩씩하게 절하는 바람에 모자가 벗겨져 떼구루루 굴러갔거든요. 그런데도 좋기만 한지 싱글벙글 입을 다물 줄 몰라요.

충무로
#전통 혼례 #한복 #활옷 #사모관대

3호선엔 등산복 입은 사람들이 많이 보여요.

구파발역에서 북한산이 가깝거든. 북한산은 세계적으로 드문 도심 속의 자연공원이라 등산객이 많단다. 국립공원 중 하나이기도 하지.

21

 **여긴 어디?**

남부터미널역은 예술의전당역으로도 불려요. 역을 나서면 바로 서울남부터미널이 보이고,
조금 더 걸어가면 예술의전당이 나오거든요. **예술의전당**은 우리나라 최초의 복합 문화 예술 센터래요.
오페라하우스, 음악당, 미술관, 박물관 들이 들어서 있고, 발레단, 합창단, 예술자료원 같은 단체와 기관 들도 들어와 있지요.
예술의전당을 이리저리 둘러보는데, 아빠가 성벽처럼 생긴 네모난 건물을 가리켰어요.
"저기가 바로 **국립국악원**이야. 우리 전통 공연 예술을 보존하고 널리 알리려고 애쓰는 곳이지.
1년 내내 다양한 국악 연주회와 한국 무용 공연이 열린단다. 오늘은 사물놀이를 한다니까 보러 가자."
'힙합이면 모를까, 국악은 지루하고 재미없던데……'
나는 터덜터덜 아빠를 따라갔어요.

4월에는 4호선 야호, 봄나들이 가자!

4호선은 서울특별시 노원구 당고개역과 경기도 시흥시 오이도역을 잇는 노선이에요.
3호선과 반대로 수도권 북동부 지역에서 남서부 지역으로 비스듬히 지나가지요.
노선 색은 파란색이고, 모두 48개 역이 있어요.
"4월은 날씨도 따뜻하고 꽃도 활짝 피니 봄나들이를 떠나 보자."
우리는 먼저 우이천 벚꽃 길로 갔어요. 봄나들이에 벚꽃 놀이가 빠질 순 없으니까요.
꽃송이가 흩날려 아빠 머리는 하얀 벚꽃 머리가 되었고, 내 모자는 하얀 벚꽃 모자가 되었어요.
"자, 이제 가까운 수유역으로 가서 4호선 여행을 시작해 볼까?"

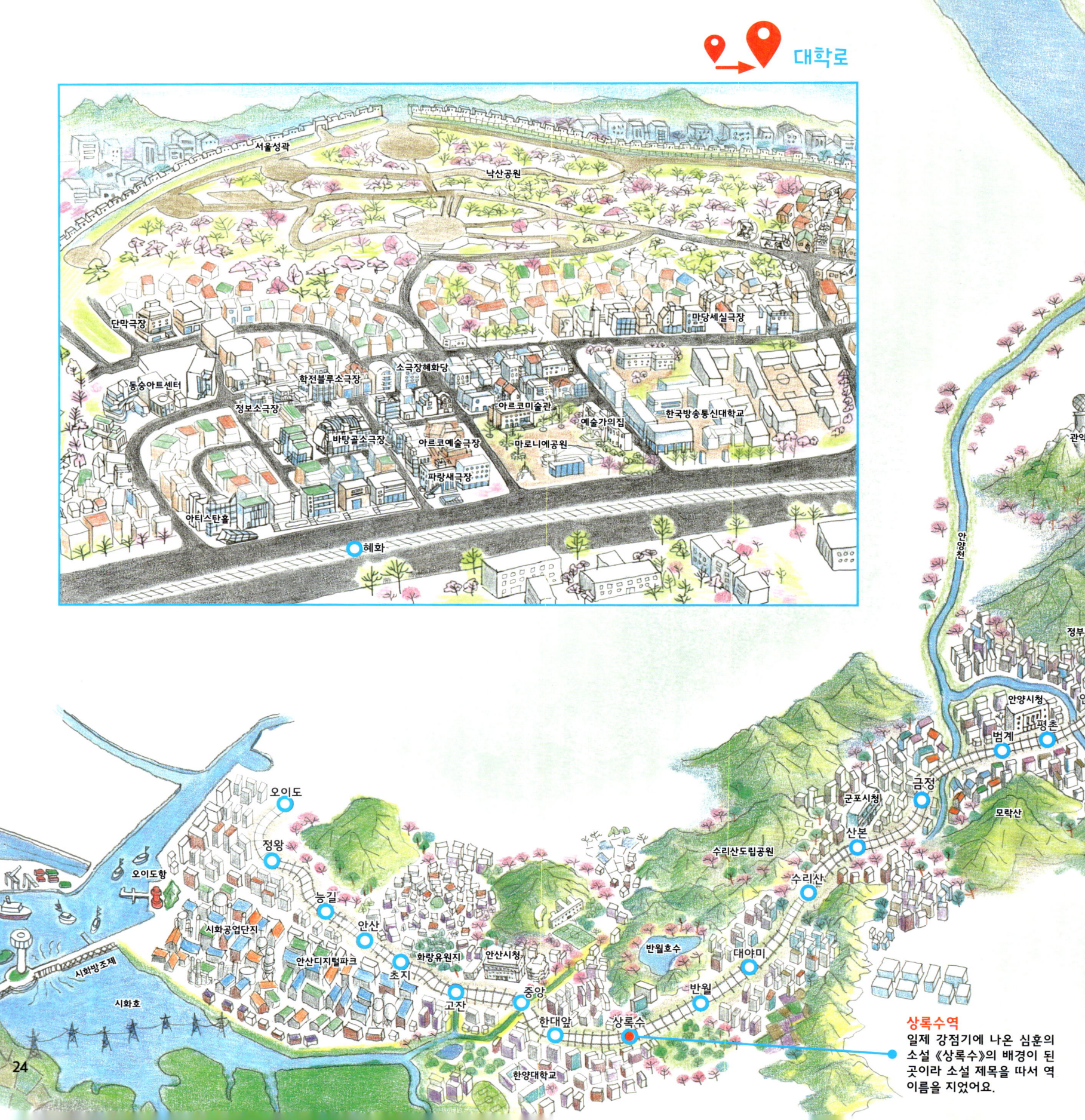

상록수역
일제 강점기에 나온 심훈의 소설 《상록수》의 배경이 된 곳이라 소설 제목을 따서 역 이름을 지었어요.

 이번 역은~ 🎵

혜화

#대학로 #연극 #소극장

대학로에는 소극장들이 모여 있어요.
우리는 파랑새극장에서 연극을 보기로 했어요.
연극 관람은 처음이었는데 배우들이 연기하는 모습을
가까이에서 보는 게 무척 신기했어요.
공연이 끝난 뒤엔 배우들이랑 함께
기념사진도 찍었답니다.

#마로니에공원 #야외 공연

우아, 마로니에공원의 야외 공연은 더 특별했어요.
야외무대라 바닥에 털썩 앉아서 봐도 되고요,
좀 떠들어도 과자를 먹어도 괜찮아요.
신이 날 땐 일어나서 콩콩콩 뛰어도 된답니다.

#먹거리 장터 #직접 키운 농산물

공원 한쪽에 먹거리 장터가 열렸어요.
직접 키운 농산물과 먹거리를 파는데 신기한 게 많아요.
"짚으로 엮은 이 달걀 꾸러미 좀 봐. 너무 정겹지 않니?"
"이게 달걀 꾸러미예요? 꼭 카누처럼 생겼어요!"

명동

#남산 #케이블카 #벚꽃 명소

남산은 높이가 240미터 정도 되는 야트막한 산이에요. 꼭대기에는 남산 높이랑 비슷한 236미터짜리
남산서울타워가 우뚝 솟아 있어요. 50분이나 기다려서 케이블카를 탔는데,
고작 5분 만에 남산 꼭대기에 도착한 거 있죠. 내가 아쉬워하니까, 아빠가 내려갈 때 또 타재요.

나라에 위급한 일이 생겼을 때 불을 피워
소식을 전하던 봉수대예요. 평소에는 불을 1개만 피우고,
적이 나타나면 2개, 적이 다가오면 3개, 적이 국경을 넘으면 4개,
적과의 전투가 시작되면 5개 봉수대에 불을 피워서 알렸어요.
남산의 봉수대는 조선 시대에 전국 각지의 소식이 모이는 곳이었대요.

#남산봉수대 #연기로 보내는 신호

남산서울타워 전망대에서는 360도로 돌아가며
서울을 내려다볼 수 있어요. 하도 높아서
건물들이 미니어처 장난감처럼 보여요.
커다란 망원경으로 내려다보니
한강에 떠 있는 유람선이 보여요.
배 위에서 손 흔드는 사람들도 보이고,
건물의 간판 글씨도 보여요.

#남산서울타워 전망대 #서울 시내가 한눈에

용산가족공원에는 청둥오리,
호로새, 거위, 야생 꿩 들이 살아요.
산책로를 걷다 보면 불쑥불쑥
마주치게 되지요. 그럴 땐 동물들이
놀라지 않도록 조심해야 해요.

#용산가족공원 #자연학습장 #국립중앙박물관 바로 옆

여긴 어디?

경기도 과천에 있는 **대공원역**에 도착했어요.
대공원역을 나오면 바로 서울대공원 입구로 이어져요.
서울대공원은 일제 강점기 때 창경궁에 만들었던 동물원을
과천으로 옮기면서 생겨났어요.
지금은 동물원뿐 아니라 식물원과 미술관, 놀이 시설, 산림욕장,
캠핑장까지 갖춘 우리나라에서 가장 큰 종합 공원이지요.
공원 입구에서 코끼리열차를 타며 아빠가 물었어요.
"어디서 내릴까? 동물원? 놀이공원 아니면 미술관?"
"놀이공원이요! 니나노고카트라는 놀이 기구가 있는데
엄청 빠른 속도로 달린대요. 꼭 타 보고 싶어요."
"좋아! 아빠랑 자동차 경주 한판 하면 되겠네."
"급류타기랑 블랙홀2000도 탈래요. 또……."
나는 놀이 기구 탈 생각에
두근두근 설렜어요.

5월에는 **5호선** 서울을 대표하는 건축물

5호선은 서울특별시 강서구 방화역에서 출발했고 강동역에서 갈라져
서울특별시 송파구 마천역과 경기도 하남시 하남풍산역까지 이어져요.
서울을 길게 가로지르며 운행하지요. 노선 색은 보라색이고, 모두 53개 역이 있어요.
"다른 노선은 지하로 다니다 가끔 지상으로 올라오는데
5호선은 역이 모두 지하에 있단다."
"그럼 5호선은 한강을 안 건너나요?"
"아니, 다리가 아니라 강바닥을 뚫은 하저 터널로 건너지."
"5호선이야말로 진짜 지하철이네요."
5호선은 여의도, 서대문, 광화문 같은 서울의 중심 지역을 지나니까
이번 여행에서는 서울을 대표하는 건축물들을 찾아보려고 해요.
자, 역 이름도 재미있는 까치산역에서 출발해 볼까요?

 이번 역은~

여의도 국회의사당
#국회의사당 #원래는 붉었던 구리 지붕

국회의사당은 국회의원들이 모여 법을 만드는 곳이에요. 중요한 일을 하는 공간인 만큼 건축물에 여러 의미와 상징이 담겨 있지요. 푸른색의 둥근 지붕에는 서로 다른 의견을 잘 모아서 좋은 정치를 하자는 뜻이 담겨 있대요.

#24절기 #늘 국민 생각 #경회루

#본회의장 #300석

1년 365일 국민을 위해 열심히 일하자는 뜻에서 본회의장 천장 등은 모두 365개를 달았대요.

지붕을 받치는 높이 32미터의 거대한 기둥 24개는 24절기와 국민의 다양한 의견을 상징해요. 모양은 경복궁 경회루의 돌기둥을 본떠서 만들었지요.

여의나루 샛강
#63빌딩 #황금빛 랜드마크 #튼튼한 설계

63빌딩은 지하 3층과 지상 60층을 합쳐 총 63층 건물이에요. 1985년에 세워졌을 땐 아시아에서 가장 높은 건물이었어요. 꼭대기 전망대에서는 인천 앞바다까지 보이지요.
"바람이 세게 불면 건물이 흔들리지 않을까요?"
"건물의 폭이 아래로 갈수록 넓어지지? 웬만한 강풍은 물론이고 진도 7의 지진도 견딜 수 있게 하려고 저렇게 설계했단다."

63빌딩은 13516장의 황금색 반사 유리로 건물을 마감했는데, 기온과 햇빛이 비추는 각도에 따라 색이 다르게 보여요.

정동길을 걸으면 근대 서양식 건축물을 만날 수 있어요.

서대문 **시청**

우리나라 최초의 서양식 교회 건물이에요. 붉은 벽돌로 벽체를 쌓고 아치형 창문을 냈지요. 모퉁이의 네모난 건물은 종탑이에요.

#정동제일교회 #선교사 아펜젤러 #1887년

#덕수궁중명전 #옛 황실 도서관 #대한제국전시관

이 하얀 건물은 러시아공사관이었어요. 꽤 크고 웅장한 건물이었는데 한국 전쟁 때 파괴되어 지금은 3층 탑만 남아 있지요.

#구러시아공사관 #역사적 장소

황실 도서관으로 지은 서양식 2층 건물이에요. 덕수궁이 불타자 고종 임금이 옮겨 와 나랏일을 본 곳이지요. 대한 제국의 외교권을 일본에 빼앗긴 을사조약이 이루어진 곳이기도 해요. 지금은 대한제국전시관으로 쓰이고 있어요.

광화문

세종문화회관은 3000석이 넘는 대극장과 소극장, 전시장을 갖춘 종합 문화 공간이에요. 우리나라 옛 건축 양식에 현대적 감각을 더해 지은 건축물이지요. 한옥의 안채, 사랑채처럼 대극장과 소극장을 'ㄷ'자 모양으로 짓고 가운데 마당을 두었어요. 외벽은 화강암으로 두르고 거대한 돌기둥과 돌계단을 만들어 궁궐이나 신전 같은 엄숙한 분위기를 자아내지요.

#세종문화회관 #종합 문화 공간 #각종 행사 장소

건물 외벽에는 완자무늬와 격자무늬를 새겼어요. 건물 정면 양쪽 벽에는 비천상이 조각되어 있어요. 금방이라도 튀어나와 하늘로 솟아오를 것 같지요?

강 밑바닥을 뚫은 하저 터널로 한강을 건너고 있는 거야!

🔍 여긴 어디?

동대문디자인플라자 건물 옆에는 빛이 나는 엘이디(LED) 장미가 가득해요. 수만 송이 장미에 불이 들어와 도시의 밤을 환히 밝혀 주지요.

건물을 지으려고 땅을 파다 발굴한 조선 시대 성곽과 이간수문은 그대로 복원해 전시하고 있어요.

동대문역사문화공원역이라는 긴 이름의 역을 나오면 **동대문디자인플라자**(DDP)라는 긴 이름의 건물이 있어요.
동대문운동장이 철거된 자리에 세운 것으로
다양한 전시가 열리는 문화 공간이지요.
건물하면 대개 네모난 모양부터 떠올리겠지만,
이 건물은 안과 밖 어디에서도 각진 곳을 찾을 수 없어요.
지하 3층에서 지상 4층까지 모두 곡선으로 이어졌거든요.
"빌딩 숲 사이에 거대한 우주선이 내려앉은 거 같아요."
"정말 특이하지? 건물 안 계단도 곡선으로 되어 있다는구나."
"얼른 들어가서 건물 안도 구경해요. 그런데 문이 어디 있죠?"
"여긴 정문 후문이 따로 없어. 42개 출입문이 있어서
어디서든 자유롭게 드나들 수 있대."
"그럼 저기 가까운 문으로 들어가면 되겠네요."

6월에는 6호선 새로운 공간으로의 변신

6호선은 서울특별시 은평구 응암역과 중랑구 신내역을 잇는 노선이에요.
노선 색은 갈색, 역은 모두 39개이고 지하로만 다녀요.
"그럼 5호선처럼 하저 터널로 한강을 건너겠네요?"
"아니, 6호선은 한강을 건너지 않고 강북만 다니는 '강북선'이란다."
긴 시간을 수도로 자리해 온 서울은 오랜 역사를 간직한 곳이기도 하지만,
새로운 것이 끊임없이 태어나는 곳이기도 해요.
그래서 6호선 여행은 과거와는 다른 모습으로
새롭게 태어난 공간을 찾아가 보기로 했어요.
"1966년 문을 연 태릉선수촌은 국가 대표 선수들의 훈련장이었어.
운동선수라면 누구나 들어가길 꿈꾸던 곳이었는데,
2017년 충청북도 진천에 선수촌을 새로 지어 옮겨 갔단다."
"그럼 지금 태릉선수촌에서는 무얼 해요?"
"일반인들이 체육 문화유산을 체험하고
생활 스포츠를 배우는 곳으로 탈바꿈했단다.
6호선 여행은 태릉선수촌이 있는
화랑대역에서 출발해 볼까?"

응암순환선
6호선에는 특이하게 '응암순환선'이 있어요. 응암역을 출발한 열차는 역촌, 불광, 독바위, 연신내, 구산역을 거쳐 다시 응암역으로 돌아오지요. 이렇게 한 방향으로만 갈 수 있고 시간은 12분 정도 걸려요.

독바위역
독처럼 생긴 바위가 있어서 마을 이름이 독바위골이었대요.

역촌역
거꾸로 읽어도 똑같은 이름이지요. 이런 이름에는 또 1호선 역곡역과 2호선 역삼역이 있어요.

광흥창역
광흥창은 옛날에 관리들의 녹봉(월급)을 관리하던 관청이에요. 관청에 딸린 창고에 녹봉으로 주는 곡식과 옷감을 보관했대요.

녹사평역
녹사평은 푸른 풀이 무성한 들판이라는 뜻이에요. 용산구청역이라는 이름도 같이 쓰지요.

이태원역
옛날에 지방 관리들이 서울에 올라오면 묵는 숙소 이름이 이태원이었대요.

선유도

이번 역은~♬

동묘앞

서울 한복판을 흐르는 청계천의 원래 이름은 개천이었는데, 일제 강점기 때 청계천으로 이름이 바뀌었어요.

한국 전쟁이 끝난 뒤 청계천 주변에 피난민들이 몰려와 오물이 넘쳐 나자, 나라에서 청계천을 콘크리트로 덮어 버리기로 했어요.

#청계천 #복원 사업 #도심 하천의 재탄생

2003년부터 대대적인 복원 사업을 벌인 결과 청계천은 깨끗한 물이 흐르는 도심 하천으로 다시 태어났어요. 태평로에서 신답철교까지 5.84킬로미터 구간을 하루 12만 톤의 물이 흐른답니다.

시간이 흐르면서 청계천 위로 도로가 생기고 고가 도로도 놓였어요. 그런데 땅속의 물이 썩어 문제가 되는 바람에 청계천을 되살리기로 했어요.

#청계천 다리 #22개 복원

다리가 22개나 되지만, 청계천은 역시 징검다리로 건너야 제맛이죠. 아차차! 미끄러져 발이 빠지면 좀 어때요? 시원하고 재밌는걸요.

#오간수문 #청계천 유적

물이 빠져나가는 문이 다섯 칸이라 오간수문이에요. 5호선 여행 때 본 이간수문 기억나지요? 오간수문도 원래는 동대문 옆에 있었는데, 이곳에 재현해 놓은 거예요.

선유도는 원래 섬이 아니었어요.
40미터 높이의 작은 산이었지요.
이름도 선유봉이었어요.

한강 주변을 개발하느라 선유봉을 깎고
모래를 퍼 가는 바람에 선유봉은
한강에 떠 있는 작은 섬이 되었어요.
이름도 선유도로 바뀌었지요.

1978년 선유도에 정수장이 들어서
20여 년 동안 주변 지역에 수돗물을
공급했어요. 이때 선유도는 일반인들이
들어갈 수 없는 곳이었어요.

정수장이 문을 닫은 뒤, 2000년에 선유도공원이
새로 문을 열었어요. 정수장 시설을
재활용한 테마 공원으로 꾸며졌지요.
잊혀진 땅 선유도가 시민들의
품으로 다시 돌아온 거예요.

#선유도공원 #정수장 시설 재활용 #시민들의 휴식 공간

#녹색기둥의정원 #담쟁이덩굴

#수생식물원 #연못 #부들

담쟁이덩굴로 덮인 녹색 기둥들은 정수지 건물의
지붕을 뜯어내고 남은 기둥이래요.
지금은 녹색이지만 가을이 되면 단풍이 들어
빨간 기둥이 되겠죠?

물속의 불순물을 걸러 내던 여과지는 수생식물원으로
바뀌었어요. 연꽃, 부레옥잠, 부들, 꽃창포를 비롯한
40여 종 식물들이 물속에서 자라지요.
"회색 콘크리트와 초록 식물들이 묘하게 어울리면서
근사하네." 아빠가 말했어요.

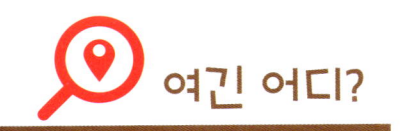 여긴 어디?

디지털미디어시티역은 줄여서 디엠시(DMC)역이라고 불러요. 역을 나와 조금만 걸어가면 빌딩 숲을 만날 수 있는데, 이곳이 바로 **디지털미디어시티**예요. 방송, 영화, 게임, 애니메이션, 아이티(IT) 관련 업체들이 모여 있는 최첨단 산업 단지이지요. 유리와 신소재로 마감한 특이한 건물들이 많아서 마치 미래 도시에 온 것 같아요.

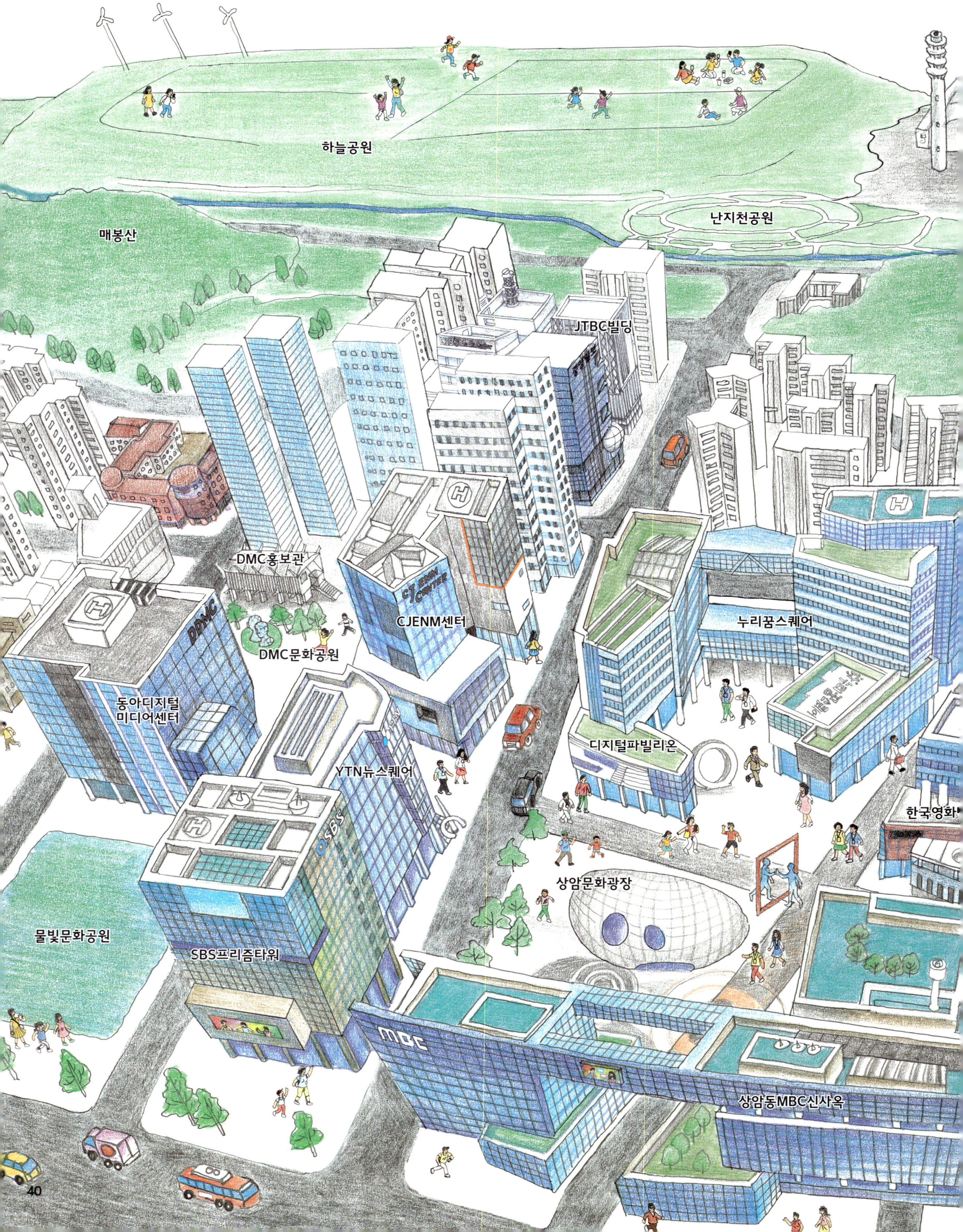

하늘공원

매봉산

난지천공원

JTBC빌딩

DMC홍보관

CJENM센터

DMC문화공원

누리꿈스퀘어

동아디지털미디어센터

디지털파빌리온

YTN뉴스퀘어

한국영화

물빛문화공원

상암문화광장

SBS프리즘타워

상암동MBC신사옥

"여기가 원래는 쓰레기 산이었다면 믿을 수 있겠니?" "네? 쓰레기 산이요?"
"그래, 여기는 난지도라고 해서 서울시에서 나오는 쓰레기를 모아 두는 매립지였어.
15년 동안 쓰레기가 쌓이고 쌓여 95미터에 이르는 쓰레기 산이 둘이나 생겼지.
더는 쓰레기를 버릴 수 없어서 매립지 문을 닫고 산업 단지와 공원으로 꾸민 거야."

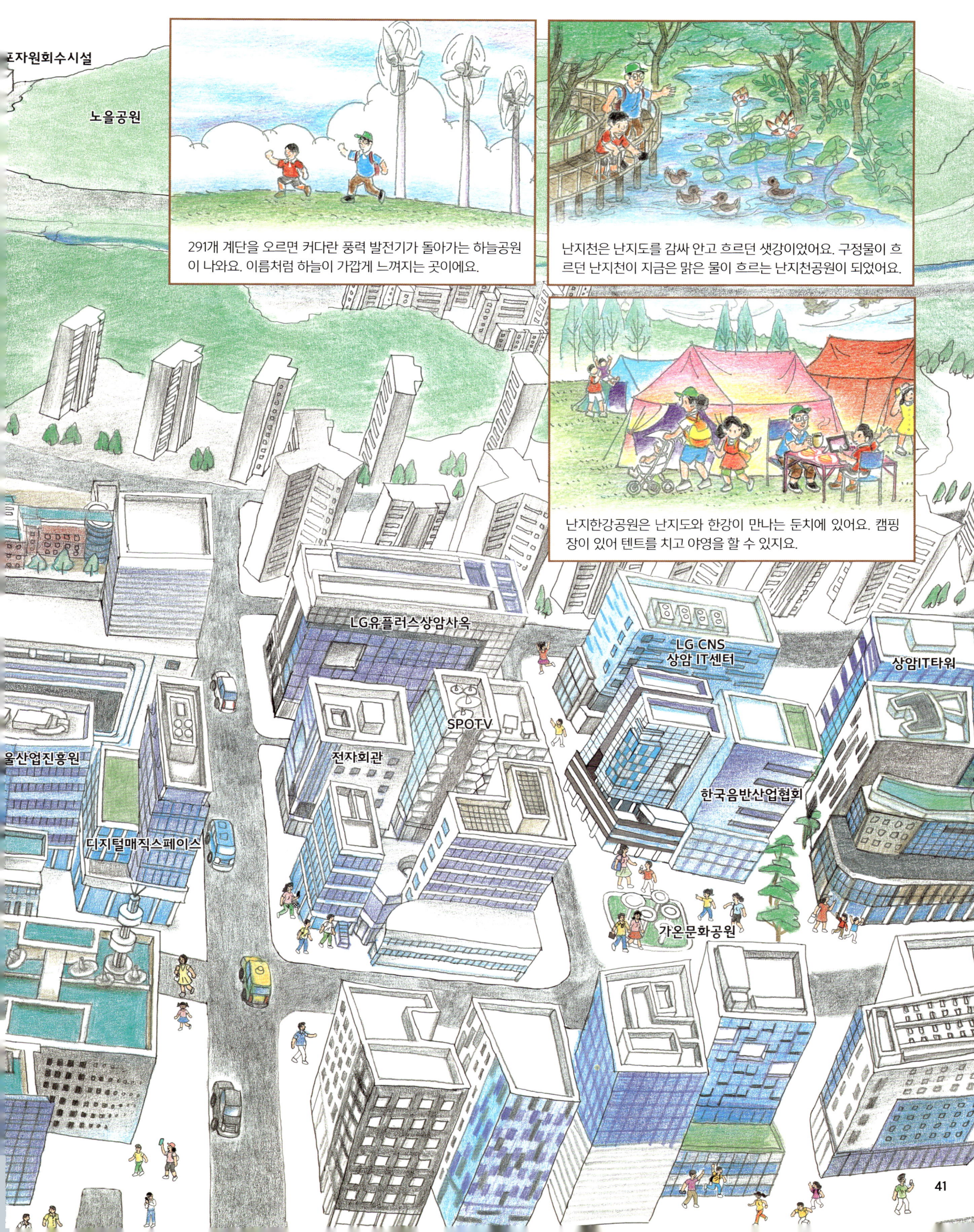

291개 계단을 오르면 커다란 풍력 발전기가 돌아가는 하늘공원이 나와요. 이름처럼 하늘이 가깝게 느껴지는 곳이에요.

난지천은 난지도를 감싸 안고 흐르던 샛강이었어요. 구정물이 흐르던 난지천이 지금은 맑은 물이 흐르는 난지천공원이 되었어요.

난지한강공원은 난지도와 한강이 만나는 둔치에 있어요. 캠핑장이 있어 텐트를 치고 야영을 할 수 있지요.

7월에는 7호선 여름엔 시원한 물이 최고야!

7호선은 경기도 의정부시 장암역과 인천광역시 부평구청역을 잇는 노선이에요.
노선 색은 녹갈색이고, 모두 51개 역이 있어요.
7호선은 노선 대부분이 1호선, 2호선과 나란히 달려요.
왜냐고요? 1호선과 2호선 이용객이 너무 많아져서, 이용객을 분산시키려고 7호선을 만들었거든요.
"이제 한여름이네. 날씨가 더우니 7호선 여행은 시원한 물을 찾아 떠나자."
"신난다! 물놀이도 하나요?"
"물론이지. 근데 서울에서 '물' 하면 뭐가 가장 먼저 떠오르니?"
"당연히 한강이죠."
"그렇지? 청담역에서 열차를 타고 청담대교를 건너면서 한강의 여름 풍경부터 감상해 보자."

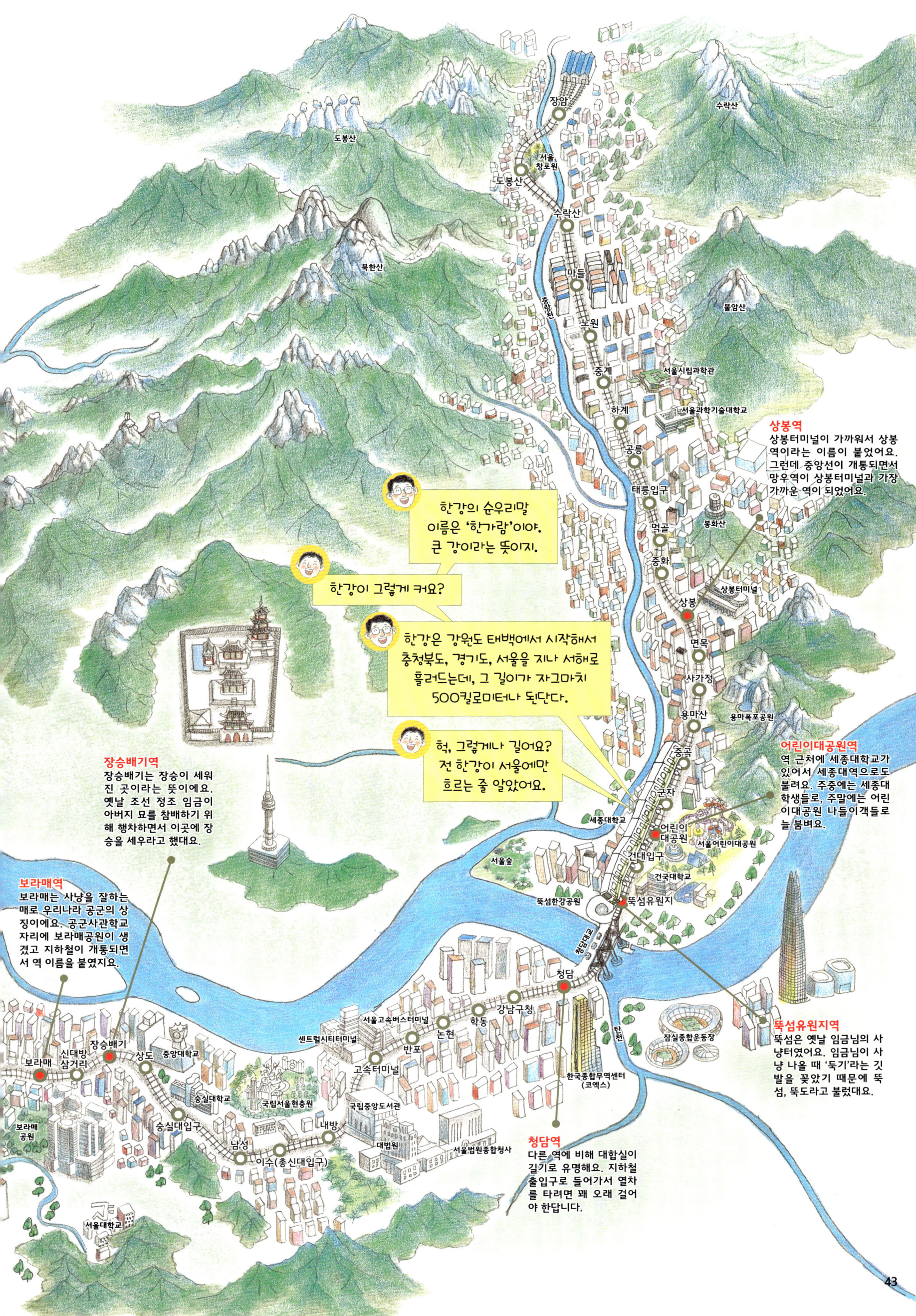

📍 이번 역은~♬

뚝섬 유원지

#뚝섬유원지 #오리 배 #다음 날 근육통

한강에 웬 오리들이 줄줄이 떠 있냐고요?
바로 우리가 탈 오리 배예요.
발로 밟아서 가는 수동과 모터로 가는
자동이 있는데, 아빠가 수동을 골랐어요.
"당연히 수동을 타야지.
오리 배는 페달을 밟는 재미라니까."

#한강 한복판 #잠실종합운동장 #88 서울 올림픽

물결은 바로 옆에서 출렁이고, 배는 금방이라도 기울어질 것처럼 꿀렁거렸어요.
처음엔 손잡이를 꽉 잡고 바들바들 떨었는데, 10분쯤 지나자 무섭긴커녕 재미있어졌어요.
"아빠, 저기 건너편 둥그런 건물은 뭐예요?"
"잠실종합운동장 올림픽주경기장이란다. 1988년 서울 올림픽 대회가 열렸던 곳이지."

한강에 떠 있는 건 우리만이 아니에요. 삼각돛을 달고 물살을 가르는 윈드서핑, 물보라를 일으키며 달려가는
수상스키, 노를 저어 가는 카약까지, 많은 사람들이 다양한 수상 스포츠를 즐겨요.

#서울어린이대공원 #음악 분수 #밤에는 조명도 빛나요

#인생샷 #무지개

서울어린이대공원 음악 분수에서
나는 오케스트라 지휘자가 되었어요.
내가 손짓을 하는 대로 물줄기가 이리 뻗고
저리 뻗어요. 그러다 바람이 불어오자 물줄기가
우리 쪽으로 쏴아아 쏟아졌어요. 잠시 지휘를 멈추고
분수 비를 맞으며 신나게 뛰어다녔어요.

이렇게 가까이에서 무지개를 보는 건 처음이에요.
어때요, 무지개 모자를 쓴 거 같지 않나요?

용마폭포공원에 도착했지만
폭포는 보이지 않았어요.
"에이, 뭐예요? 아무것도 없잖아요?"
그런데 그때 절벽 꼭대기에서
하얀 것이 반짝였어요. 물이에요, 물!

#폭포공원 #대체 물은 어디에?

물줄기는 점점 빨라지고 점점
많아지더니 엄청난 소리를 내며
연못으로 쏟아졌어요. 콰쾅 쾅쾅!
"와, 폭포 소리가 이렇게 큰 줄 몰랐어요."
"그래도 전혀 시끄럽지 않지?
오히려 마음을 편안하게 해 주고
기분도 상쾌해지지 않니?
자연의 소리란 그런 거란다."

#아시아 최대 인공 폭포 #천둥 같은 폭포 소리

저기 약냉방이라고
쓰여 있네요?

이 칸은 다른 칸보다 에어컨 냉방을
약하게 튼다는 소리야. 자기한테 알맞은
온도의 칸을 골라 타면 된단다.

여긴 어디?

수락산역에 내려 아파트 사잇길로 걸어 올라가면 **수락산**이 나와요.
수락산은 서울특별시 노원구와 경기도 의정부시, 남양주시, 세 지역에 걸쳐 있어요.
대부분이 바위로 이루어진 높이 683미터의 돌산이지만, 그리 험하지는 않아서
사람들이 즐겨 찾는 곳이에요. 금류·은류·옥류폭포를 비롯한 아름다운 폭포와 계곡,
신기하게 생긴 바위가 많아 북한산, 도봉산, 관악산과 함께 서울 근교 4대 명산으로 꼽히지요.
우리가 찾은 **벽운계곡**에는 멋들어진 바위 사이로 맑은 물이 흐르고 있었어요.
"와, 신선이 노닐던 곳이라고 해도 믿겠네!"
"아, 더워. 신선이 노닐던 계곡물은 어떤지 한번 들어가 볼래요."
나는 물속으로 첨벙 뛰어들었어요. 그래서 어땠냐고요?
시원한 정도가 아니라 깜짝 놀랄 만큼 차가웠어요.
역시 무더운 여름엔 얼음처럼 차가운 계곡물이 최고예요.

8월에는 8호선 먼 옛날로 떠나는 산책

8호선은 서울특별시 강동구 암사역과 경기도 성남시 모란역을 잇는 노선이에요.
노선 색은 분홍색이고, 모두 17개 역이 있어요.
6호선이 강북선이라면 8호선은 한강을 건너지 않고
경기도와 서울 강남만을 오가는 강남선이지요.
"8호선은 오래된 역사 유적지를 두루 지난단다.
8월 여행은 먼 옛날로 어슬렁어슬렁 산책을 떠나 볼까?
노선이 짧으니 끝에서 끝까지 완주해 보는 것도 좋겠다."
"그럼 어디서 출발해요?"
"마침 오늘 모란장이 열리는 날이니 들러서
맛난 거부터 먹고 모란역에서 출발하자."
"모란장이 음식점이에요?"
"모란장은 5일마다 열리는 전통 시장이야.
생긴 지 50년이 넘은 우리나라에서 가장 큰 오일장이란다.
주말엔 사람이 어마어마하게 많을 테니
아빠 옆에 꼭 붙어 다니렴."

 남한산성

📍 이번 역은~♬

남한산성 입구

#남한산성 #수어장대 #전망대가 아니라 지휘대

남한산성 수어장대는 군사들을 지휘하고 명령을 내리던 누각이에요.

길어지는 싸움을 견디다 못한 인조 임금이 이 서문으로 나와 청나라에 항복했대요. 적에게 무릎을 꿇어야 했던 임금님의 마음은 얼마나 쓰라렸을까요?

"어, 여기 작은 문이 있어요."
"암문이라고 하는데, 적 몰래 드나드는 비밀 통로란다. 이 문으로 무기와 식량을 들여오거나 군사들을 이동시켰지."

병자호란 때 인조 임금이 머물렀던 행궁이에요. 이곳에서 군사들을 지휘하며 청나라 20만 대군과 맞서 47일간 싸웠지요.

남한산성에는 소나무가 많아요. 쏴- 쏴- 솔바람 소리가 참 듣기 좋지요. 그런데 이 멋진 소나무 숲이 하마터면 사라질 뻔했대요. 일제 강점기 때 전쟁 물자와 땔감으로 쓰려고 나무를 마구 베어 냈거든요. 하지만 마을 사람들이 돈을 모아 산을 사들이고 '금림조합'을 만들어 소나무를 지켜 온 덕분에 지금도 울창한 숲을 볼 수 있는 거래요.

#소나무 숲 #솔바람 소리 #주민들이 지킨 숲

석촌 — 석촌고분

서울석촌동고분군은 백제 시대 무덤이 모여 있는 곳이에요. 그중 가장 큰 3호분은 돌을 계단처럼 쌓아 올린 돌무지무덤이에요. 지금은 3단만 남아 있지만 원래는 몇 단이 더 있었을 거라고 해요. 그리고 그 크기나 만들어진 시기로 보아 왕의 무덤일 가능성이 크대요.

#석촌동고분군 #백제 시대 무덤

#몽촌토성 #한성백제

몽촌토성은 흙을 쌓아 만든 옛 백제의 성이에요. 하지만 이름처럼 순수한 토성은 아니고, 야산의 야트막한 부분이나 끊어진 부분에 흙을 쌓아 만든 산성이자 토성이에요. 1988년 서울 올림픽을 앞두고 경기장을 짓다가 발견했지요. 지금은 올림픽공원 안에 있어요.

#몽촌토성 #흙을 쌓다 #옛 백제의 성 #올림픽공원

#목책 #나무 울타리 #2미터도 넘어요

#해자 #물길로 철통방어

"나무로 만든 울타리네요."
"적의 침입을 막으려고 성벽 바깥에 세운 목책인데, 그 흔적이 발견돼서 일부만 복원해 놓은 거래."

적의 침입을 막기 위해 성 바깥쪽에 빙 둘러 가며 물길을 파 놓은 걸 해자라고 해요.
이 호수가 바로 몽촌토성의 해자였대요.

#천호

아파트와 건물들 사이로 길게 뻗은 이 언덕은 백제 시대에 만들어진 풍납토성이에요. 지금은 사라진 서쪽 벽까지 더하면 둘레만 3.5킬로미터가 넘는 거대한 성이지요. 집터와 우물터, 가마터, 갖가지 토기가 발굴된 것으로 보아 아마도 백제의 왕성이었을 거라고 해요.

#풍납토성 #백제의 역사를 따라 걷다

벌써 여덟 번째 여행이네요.

그러게. 서울 지하철은 이제 9호선만 남았구나.

여긴 어디?

암사역에 내려 큰길을 따라가면 **서울암사동유적**이 나와요.
자그마치 약 6000년 전 신석기 시대 사람들이 살았던 곳이에요.
1925년 대홍수로 한강 물이 넘치면서 땅속에 묻혀 있던 옛 마을의 흔적이 드러났지요.
사람들이 살던 집터와 음식을 담던 토기, 물고기를 잡을 때 쓰던 도구들과
오래돼서 석탄처럼 새까매진 도토리도 발견되었답니다.
특히 움집터가 여럿 남아 있어서, 그때 사람들이 어떻게 살았는지 짐작할 수 있게 해 주었지요.
움집은 땅을 파서 다진 뒤 기둥을 세우고 그 위에 풀이나 짚으로 엮은 지붕을 얹은 집이에요.
발견된 집터 중에서 아홉 채를 복원해 놓았는데 직접 들어가 볼 수 있답니다.
"8월의 마지막 역사 산책은 가장 먼 선사 시대로 떠나 볼까?"

선사시대움집

9월에는 9호선 오감을 깨우는 여행

9호선은 서울특별시 강서구 개화역과 송파구 중앙보훈병원역을 잇는 노선이에요.
노선 색은 황금색이고, 모두 38개 역이 있어요.
9호선은 개화역에서 출발해 김포공항과 여의도를 지나면서 사람을 가득 실은 뒤,
고속터미널, 삼성동 같은 강남의 중심지를 두루 지나가요.
그래서 이용객이 아주 많은 역에만 서는 급행열차를 운영하지요.
"가을바람이 솔솔 기분 좋게 불어오는 9월에는 조금 독특한 여행을 떠나 볼까 해.
눈, 코, 입, 귀를 활짝 열고 온몸의 감각을 깨워 보는 거야. 먼저 고속터미널역으로 가서 9호선을 타자."
"거기 뭐가 있는데요?"
"고속터미널 지하상가에 큰 꽃 시장이 있거든. 아침 일찍 가면 온갖 꽃이 가득해서
그 색과 향기에 눈이랑 코가 접시만 해질 거야."

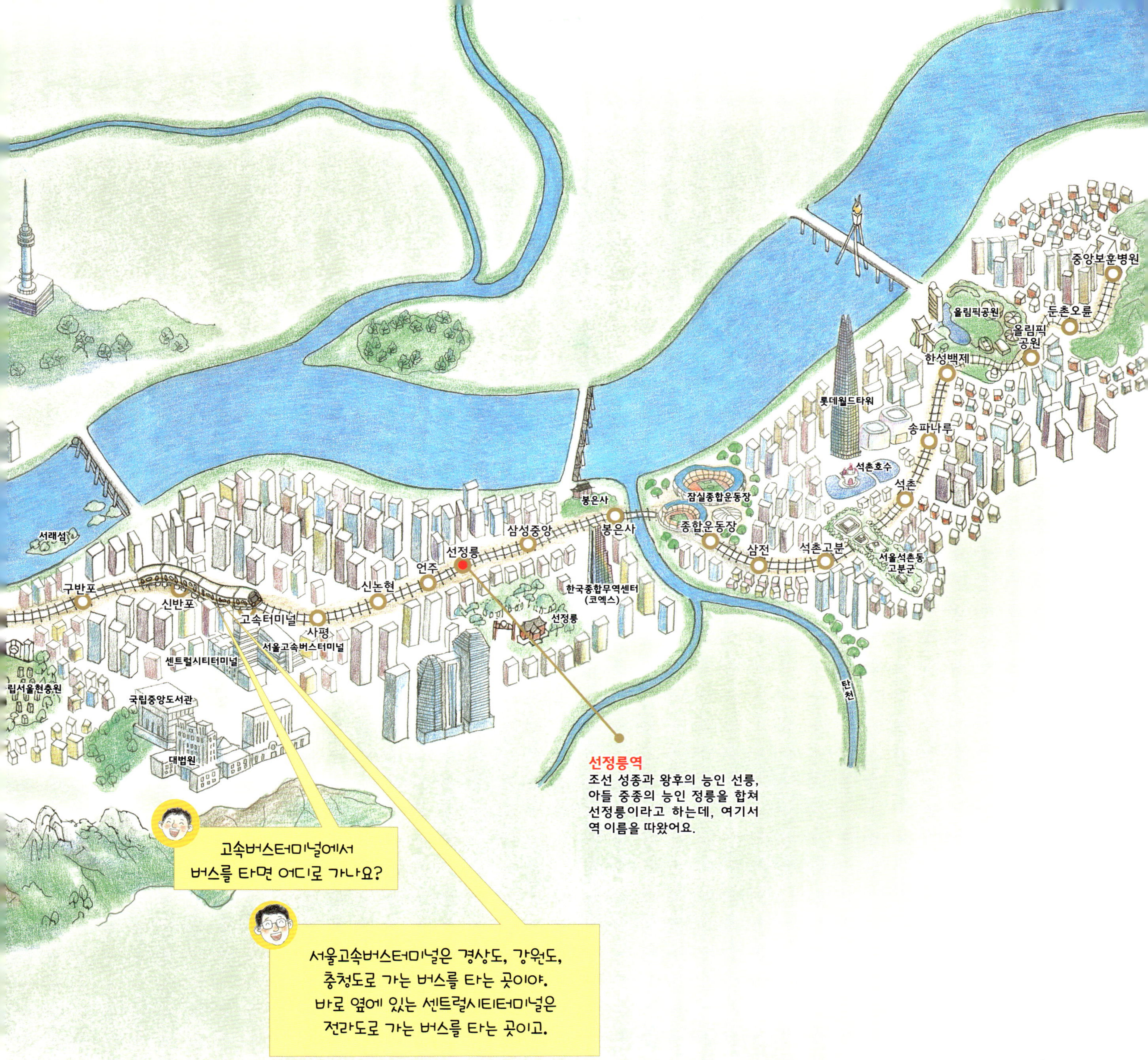

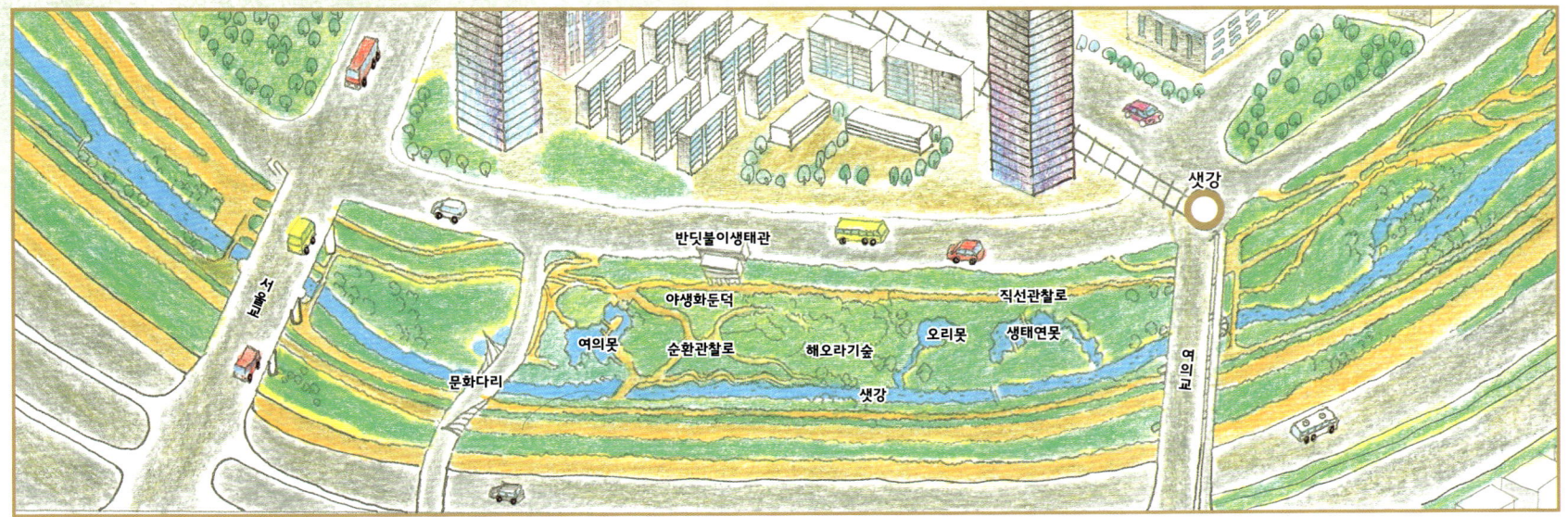

 이번 역은~♬

#노량진수산물도매시장 #비릿한 바다 냄새

노량진수산물도매시장은 비릿한 바다 냄새로 가득해요.
우리나라 동해 서해 남해에서 나는 것들이
모두 모여 있지요.
"바다의 감각을 손으로 한번 느껴 볼까?"
아빠가 말했어요.

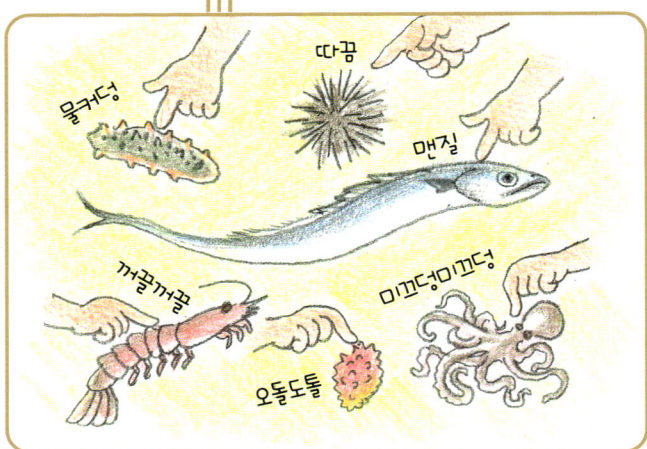

대게 한 마리는 아빠와 내가
배불리 먹고도 남을 만큼 커요.
그래도 집게발이 2개인 건
참 다행이에요. 살이 꽉 찬
집게발을 아빠랑 나랑 하나씩
나눠 먹을 수 있으니까요.

#여의도샛강생태공원 #버드나무 숲

여의도샛강생태공원의
버드나무 숲은 바다를 닮았어요.
바람이 부는 대로 파도처럼
쏴아- 밀려갔다 쏴아- 밀려오지요.

부드러운 강아지풀인 줄 알고 손으로 덥석 잡았더니
까끌까끌해요. 이건 금강아지풀이래요. 그러고 보니
강아지풀보다 크고, 바깥쪽에 금빛 털이 나 있어요.

와우! 책에서 보았던 거품벌레를 실제로 보다니!
친구들한테 자랑하려고 사진을 찍어 두었어요.

가양

#허준박물관 #어의 #동의보감 #쉬운 의학서

가양역에서 내려 허준박물관에 왔어요. 허준은 조선 시대 때 임금과 왕족의 병을 치료하던 어의였어요. 《동의보감》이라는 의학서도 썼지요. 우리 산천 어디에서나 구할 수 있는 약재들을 쉬운 한글로 소개해서 백성들에게도 큰 도움이 되었대요.

약연이라는 도구에 한약재를 넣고 빻아요. 약재를 곱게 빻을수록 약의 효과가 커진대요. 가루뿐 아니라 즙을 낼 때도 약연을 써요.

한지로 한 첩 한 첩 약을 싸요. 종이접기 하듯 순서대로 접으면 되지요. 아빠는 어려운지 끙끙거리며 겨우 쌌어요.

세 손가락으로 손목의 맥을 짚어 보니 팔딱팔딱 뛰어요. 건강한 사람은 1분에 72번쯤 뛴대요.

9호선은 이용객이 많은 데 비해 운행하는 차량 수가 적어서 늘 북적거린대. '지옥철'이라는 별명이 괜히 붙은 게 아니었네.

아빠, 사람이 너무 많아요.

 여긴 어디?

김포공항역에서 나오자 우우웅— 커다란 소리가 들렸어요. 내가 두리번거리자, 아빠가 하늘을 가리키며 말했어요.
"저기 김포국제공항에서 비행기가 날아오르는 소리야."
김포국제공항은 1939년 일본군이 이곳에 활주로를 만들면서 생겨난 공항이에요.
해방 뒤에는 미국 공군이 이용하다가 1954년부터 우리나라가 이용하기 시작했지요.
1958년 국제공항으로 지정된 뒤 40여 년간 우리나라를 대표하는 공항이었어요.
그러다 2001년 영종도에 인천국제공항이 생긴 뒤로는 국내선을 중심으로 운행되고 있답니다.
"공항에 가서 비행기가 뜨고 내리는 걸 가까이에서 구경할까?"
"비행기 타지 않는 사람도 들어갈 수 있어요?"
"그럼, 공항 전망대는 누구에게나 열려 있단다."
"정말요? 아빠, 빨리 가요, 빨리요!"

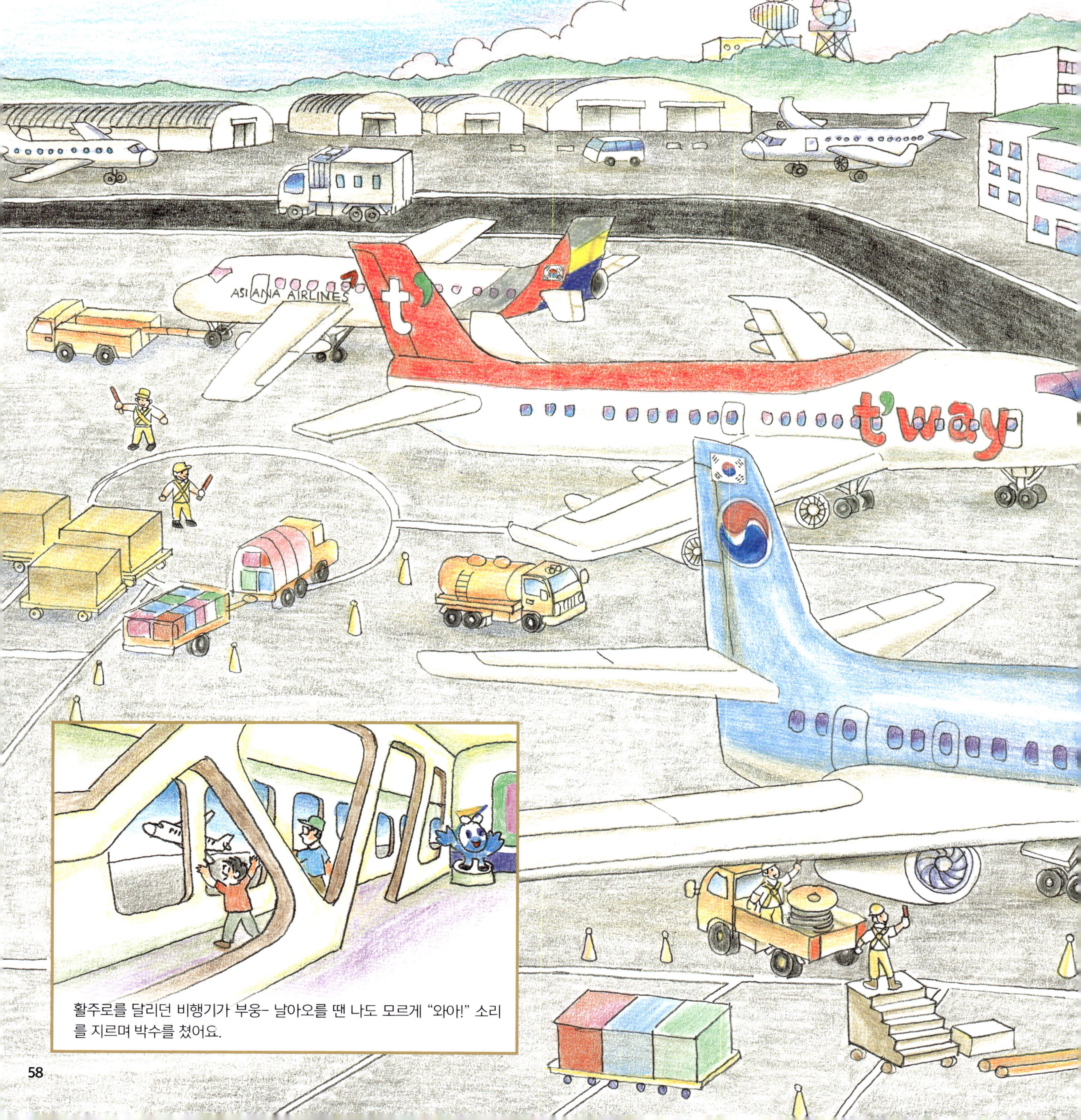

활주로를 달리던 비행기가 부웅— 날아오를 땐 나도 모르게 "와아!" 소리를 지르며 박수를 쳤어요.

10월에는 경춘선 가을 단풍놀이

경춘선은 서울특별시 동대문구 청량리역 또는 중랑구 상봉역과
강원도 춘천시 춘천역을 잇는 노선이에요.
일부 전철은 상봉역을 거쳐 광운대역까지 연장 운행하기도 해요.
노선 색은 청록색이고, 모두 25개 역이 있어요.
"아빠가 대학 다닐 땐 친구들이랑 경춘선을 타고 엠티를 많이 다녔단다.
그때는 열차가 지금처럼 빠르지 않아서 청량리에서 춘천까지 3시간 넘게 걸렸어.
2010년에 수도권 도시 철도 경춘선으로 바뀌면서, 1시간 30분 만에 갈 수 있게 되었지만 말이야."
경춘선은 북한강을 끼고 달리기 때문에 수도권 도시 철도 중에서
가장 아름다운 주변 풍경을 자랑한대요.
높고 낮은 산과 유유히 흐르는 강을 보며 달리다 보면
청평호, 남이섬, 자라섬, 의암호를 모두 만날 수 있어요.
"가을을 맞아 10월 여행은 단풍놀이가 좋을 것 같아.
경춘선의 시종착역인 상봉역으로 가서 출발하자."

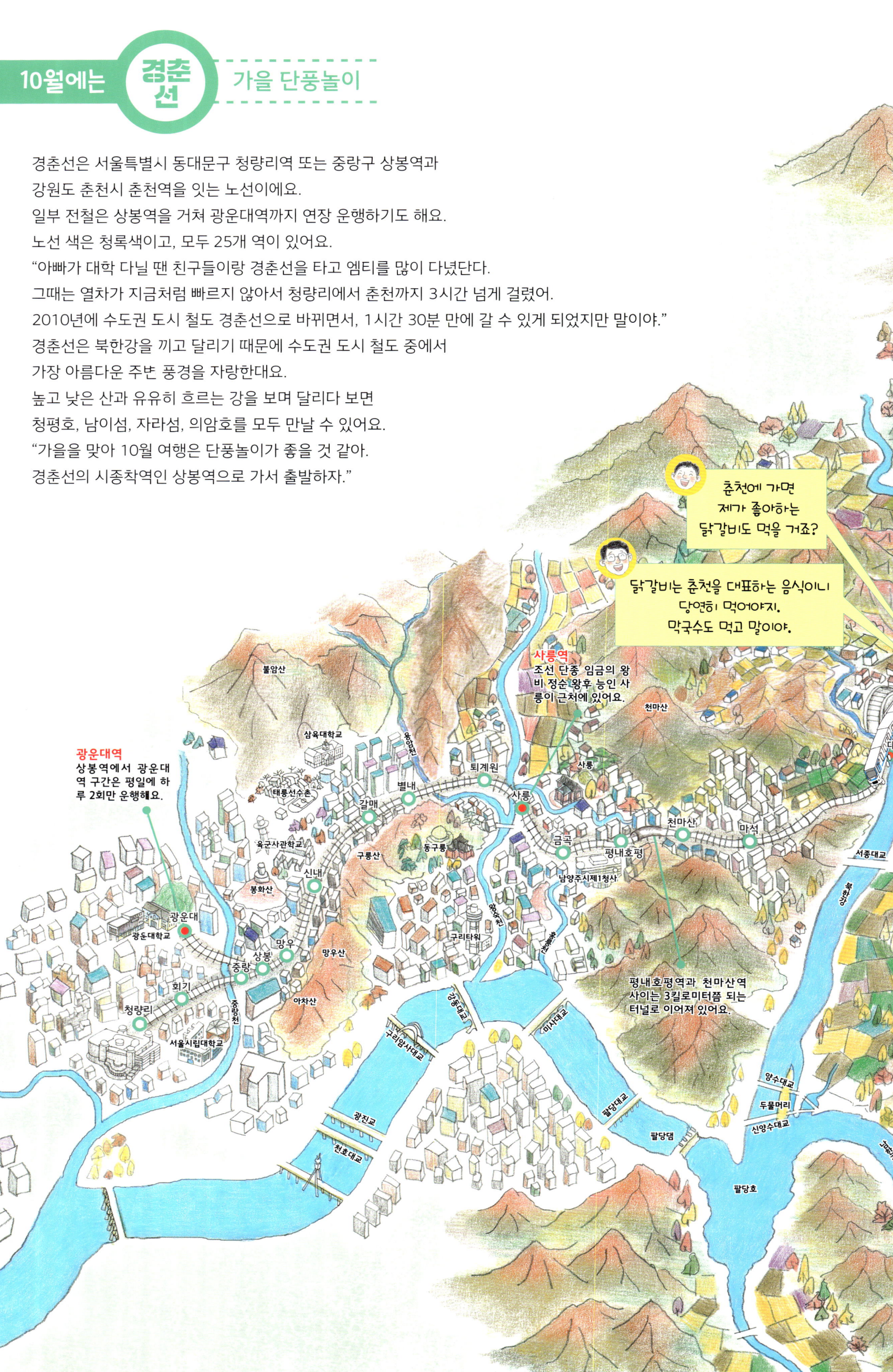

 이번 역은~♪

가평

남이섬에서는 동물도 자유롭게 돌아다녀요.
청설모가 도토리를 까먹는 모습이 귀여워 다가갔더니,
화들짝 놀라며 도토리를 땅에 묻는 거 있죠.
"아이참, 내가 빼앗아 먹으려는 게 아닌데."

공작이 꽁지를 활짝 펼친 모습은
더러 본 적 있는데, 남이섬에선
더 신기한 걸 보았어요.
바로 뒷모습! 어때요, 재밌게 생겼죠?

유니세프홀에서 아우인형을 만들었어요.
바느질은 생각보다 어려웠지만, 끝까지 포기하지 않고
완성해 내 동생으로 입양했어요.
내가 낸 후원금으로 도움이 필요한 더운 나라 아이들에게
말라리아 예방 접종을 해 주고, 모기장도 사 준대요.

#남이섬 #유니세프홀 #아우인형에 담긴 의미

자라섬에서 야영할 땐 캠핑카가 최고예요.
차 안에 2층 침대도 있고, 소파와 텔레비전은 물론
부엌이랑 화장실까지 있지요. "캠핑의 재미는 뭐니 뭐니 해도
바비큐지!" 우리는 저녁으로 고기를 구워 맛있게 먹었어요.

#자라섬 #캠핑카 #2층 침대는 내가 찜

#폭죽 소리 #불꽃놀이

요란한 폭죽 소리와 함께 불꽃이 피어올랐어요.
펑! 펑! 펑! 우아, 밤하늘에 무지개 꽃이 마구마구 피어나요!

#구곡폭포 #아홉 골짜기 #용수담으로 흘러요

아홉 굽이를 돌아 떨어진다는 구곡폭포예요. 봉화산 입구에서 폭포가 있는 산기슭까지 이어지는 오솔길도 아름답고, 폭포 주변에 있는 하늘벽바위도 멋있어요.

#김유정 #춘천에서 태어난 소설가 #폐역

김유정역은 우리나라에서 처음으로 사람 이름을 붙인 역이에요. 김유정은 춘천에서 태어난 유명한 소설가래요. 김유정역이 새로 생기면서 옛 역사는 전시장으로 쓰고 있어요.

김유정문학촌에는 곳곳에 소설 속 장면들을 재현한 동상들이 놓여 있어요. 이 동상은 소설 《동백꽃》에 나오는 닭싸움 장면을 재현한 거래요.

김유정이 태어난 집은 'ㅁ'자 모양의 초가집이에요. 그래서 마당에서 올려다본 하늘도 네모나게 보여요. 파란 하늘과 구름이 네모난 액자 속에 들어 있는 것 같아요.

#김유정문학촌 #초가집

 여긴 어디?

춘천역에 내려 자전거를 빌려 타자 곧 눈앞에 푸른 호수가 펼쳐졌어요.
북한강과 소양강이 만나는 지점에 댐을 지으면서 생겨난 의암호예요.
'호반의 도시'로 불리는 춘천에는 의암호 말고도 소양호와 춘천호 두 호수가 더 있어요.
호반은 호숫가라는 뜻이래요. 우리는 의암호 둘레로 난 자전거 길을 따라 달렸어요.
호수 주변은 온통 알록달록 단풍이 들었어요. 가을바람은 달아오른 두 뺨을 기분 좋게 식혀 주었고요.
"아빠, 단풍 나라에 온 것 같아요!"
"그래? 그럼 이번엔 물의 나라로 들어가 볼까?"
아빠를 따라 호수 위로 난 길을 달리다 보니 중간에 스카이워크가 나왔어요.
유리로 만든 바닥 아래로 푸른 물이 넘실거려요.
"물의 나라에 온 기분이 어때?"
"음…… 속이 좀 울렁거리기는 하는데 재미있어요."
"하하, 아빠도 다리가 좀 후들거리지만 신기한걸."

스카이워크는 호수 위 12미터 높이에 있어요. 바닥과 난간 모두 튼튼한 강화 유리로 만들었다니 겁먹을 필요 없어요.

의암댐에는 물이 떨어지는 힘을 이용해 전기를 만드는 수력 발전소가 있어요. 의암수력발전소에서 만든 전기는 경인 지역까지 전해진대요.

나무 카누를 타고 의암호 둘레를 돌아볼 수도 있어요. 평창 동계 올림픽 때는 성화 주자가 카누를 타고 성화를 봉송하기도 했대요.

11월에는 수인선 겨울 바다로 떠나자!

수인선은 경기도 수원시 수원역과 인천광역시 중구 인천역을 잇는 노선이에요.
인천역에서는 1호선과, 수원역에서는 분당선과 이어져요. 2020년부터는 분당선과 합쳐져
수인분당선이 되었지요. 노선 색은 노란색이고, 모두 63개 역이 있어요. 수인선이 생기기 전에는 협궤 열차가
60년 넘게 수원과 인천을 오갔대요. 협궤 열차는 폭이 아주 좁은 철로 위를 달리는 작은 열차인데,
열차 폭도 얼마나 좁은지 심하게 흔들릴 땐 맞은편에 앉은 사람과 무릎이 닿기도 했대요.
또 엔진의 힘이 약해서 가파른 고개를 넘을 땐 승객들이 내려 열차를 밀기도 했고요.
"11월엔 겨울 바다로 떠나 볼까? 먼저 오이도를 둘러본 뒤 오이도역에서 전철을 타고 수인선 구간을 살짝 맛보자."
"오이도는 섬이에요?" 내가 묻자 아빠가 웃으며 말했어요. "글쎄. 가 보면 알겠지."

 이번 역은~♬

#오이도 #조개무지 #선사유적공원

오이도에는 서해안에서 가장 큰 조개무지가 있어요.
"선사 시대 사람들이 먹고 버린 조개껍데기가 쌓여 있는 곳을 조개무지라고 해. 조개껍데기뿐 아니라 토기나 석기 같은 유물도 많이 나오지. 이 선사유적공원도 조개무지 위에 만든 거래."
"음…… 우리가 먹고 버린 조개껍데기 더미도 나중에 유적지가 되려나요?"

#선장 #조타실 #키

조타실에서 키를 돌리며
선장이 되는 꿈을 꿔 봐요.
내가 만일 큰 배 선장이라면
남극까지 가 볼 텐데…….

#함상전망대 #바다 위의 경찰

이 커다란 배는 해양 경찰 경비함이었대요.
30년 동안 서해를 지킨 뒤 퇴역했지요.
지금은 함상전망대로 쓰이고 있어요.

#황새바위길 #황새바위섬 #부잔교

황새바위길 끝에 서면 황새바위섬이 보여요.
황새가 날갯짓하는 모습을 닮은 무인도예요.
"밀물 때 물이 들어오면 이 황새바위길이 물 위로
부웅 떠오른단다. 이런 걸 부잔교라고 하지."

오이도에서 먹은 바지락칼국수에
바지락이 얼마나 많이 들었게요?
내가 쌓은 조개무지를 보면
알 수 있을 거예요.

소래포구

#협궤 열차의 흔적 #철길 위를 걸어요

수인선 협궤 열차는 사라졌지만 철길은 옛 모습 그대로 남아 소래포구로 가는 다리로 쓰이고 있어요. 지금의 수인선 전철은 새로 지은 소래철교로 지나가지요.

#소래포구 #고기잡이 배 #항구의 풍경

갯벌에 물이 차오르자 고기잡이배가 하나둘 돌아와요. 포구는 눈 깜짝할 사이에 뱃고동 소리, 엔진 소리, 닻 내리는 소리, 어부들 고함 소리, 몰려드는 상인들 소리로 시끌벅적해져요.

상인들은 리어카로 해산물을 실어 나르느라 바빠요, 바빠!

새우젓으로 유명한 소래포구어시장은 김장철인 지금이 가장 바빠요. 새우젓을 사는 아빠에게 상인 아줌마가 선물이라며 무언가를 내밀었어요. 우아, 해마예요!
"너무 깜찍해요. 집에 가져가서 키울래요."

여긴 어디?

수인선의 시종착역인 **인천역**은 **인천항연안여객터미널**과 가까워요.
이곳에서는 서해안의 크고 작은 섬으로 가는 여객선을 탈 수 있어요.
"아빠, 우리도 배 타는 거예요?"
"그래. 팔미도 유람선을 타고 바닷바람도 쐬고 섬 구경도 하자꾸나."
"팔미도는 진짜 섬 맞아요? 오이도는 섬이 아니었잖아요."
"그럼, 배를 타고 50분쯤 가면 나오는 섬이야.
팔미도는 우리나라에서 맨 처음 등대가 생긴 작은 바위섬이란다.
1903년부터 100년 동안 인천항을 드나드는 배들의 길잡이가 되어 주었지."
부두 끝에 우리를 태우고 갈 배가 기다리고 있어요. 입을 쩍 벌린 황금 물고기
모양이에요. 우리는 키득거리며 황금 물고기 입속으로 걸어 들어갔어요.

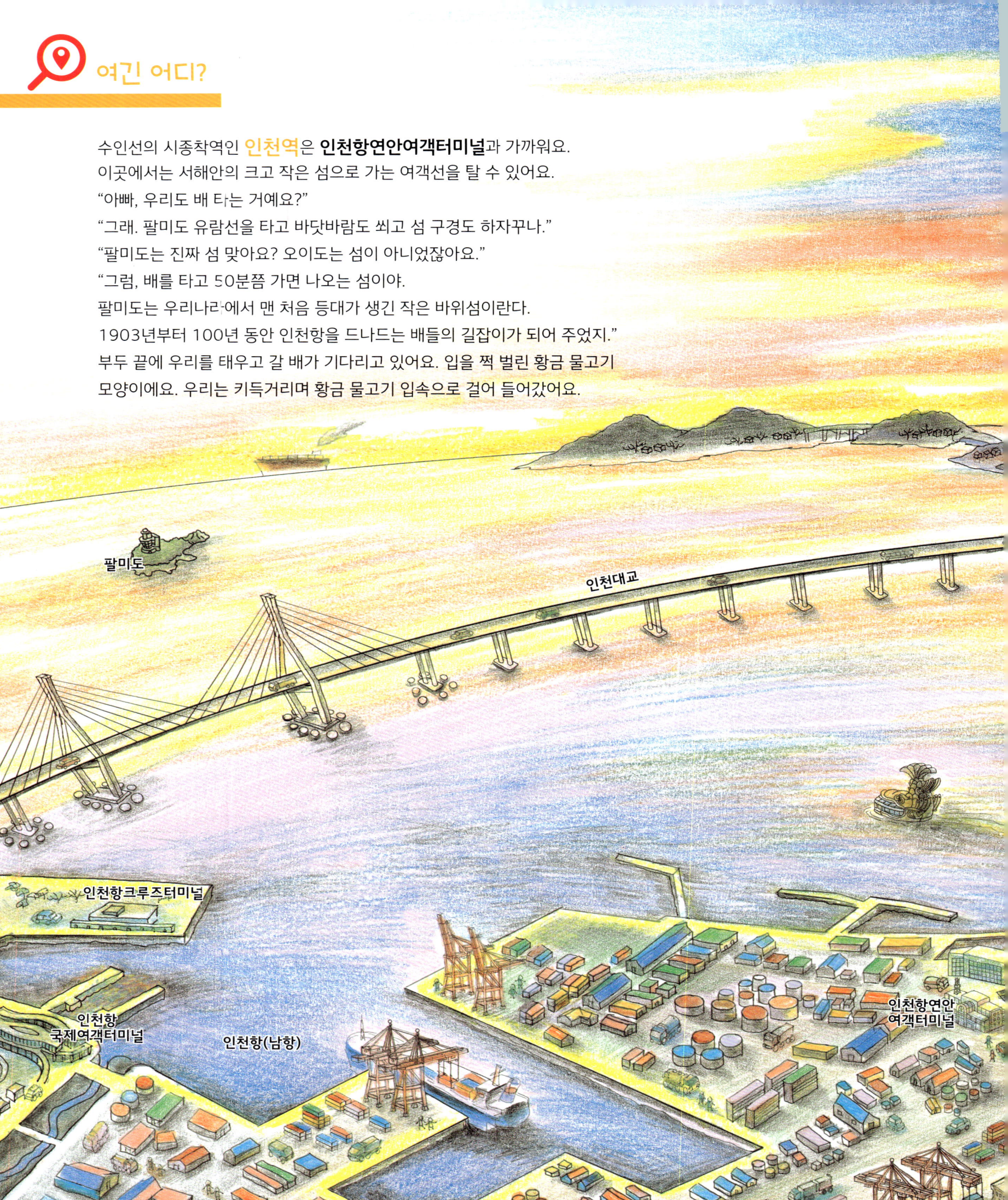

12월에는 경의중앙선 — 역사의 아픔을 딛고 희망을 꿈꾸다

경의중앙선은 경기도 파주시 임진강역과 경기도 양평군 지평역을 잇는 노선이에요. 2014년에 경의선과 중앙선이 하나로 합쳐져 경의중앙선이 되었어요.
1호선에 이어 두 번째로 긴 노선이기도 하지요. 노선 색은 연옥색이고 역은 56개예요.
"12월은 한 해를 마무리하는 달인 만큼 조금 특별한 여행을 떠나 보자."
"특별한 여행이요? 어디 신나는 데 가나요?"
"음, 신나는 데는 아니고…… 우리 아픈 역사를 기념하는 곳들을 둘러볼까 해."
"개교기념일이나 결혼기념일처럼 좋은 일을 기념해야지, 왜 아픈 역사를 기념해요?"
"왜 그런지는 여행이 끝날 즈음이면 저절로 알게 될 거야."
아빠와 나는 양수역으로 가서 경의중앙선 문산행 전철을 탔어요.

풍산역
근처에 맛집 골목인 애니골이 있어 '애니골역'으로도 불려요.

행신역
KTX 행신역이 있어요. 행신역은 KTX역 중에서 가장 북쪽에 있는 역이에요.

가좌역
가좌역에서 서울역으로 가는 노선이 갈라져요. 서울역행 전철은 4량짜리로 평소에는 1시간에 한 번씩, 출퇴근 시간에는 1시간에 두 번씩 다녀요.

서빙고역
서빙고는 조선 시대 때 서쪽에 있는 얼음 창고를 부르던 이름이에요.

응봉역
한강 변에 솟아 있는 응봉산에서 역 이름을 따 왔어요.

 행주산성

양수역이 있는 마을을 왜 두물머리라고 불러요?

두물머리는 양수의 순우리말이야. 북한강과 남한강 두 물줄기가 만나는 곳이라 그렇게 부르지. 두 물줄기가 만나 한강이 되어 서울로 흘러간단다.

양평역
KTX 양평역이 있어요. 2017년 KTX 강릉선이 개통되어 서울역과 강릉역을 오가지요.

팔당역
옛 팔당역은 여느 역과 달리 철길과 철길 사이 승강장에 좁고 긴 역사가 있었어요. 2007년에 새 역사를 지은 뒤, 옛 역사는 문화재로 등록해 보존하고 있어요.

지평역
경의중앙선 전철은 대부분 용문역까지만 운행해요. 지평역까지 운행하는 열차는 하루에 6편밖에 없어요.

 이번 역은~♬ 용산 삼각지

#전쟁기념관 #빼곡한 이름 #전쟁의 아픔

전쟁기념관 회랑에는 한국 전쟁과 베트남 전쟁에서 목숨을 잃은 사람들의 이름이 새겨져 있어요. 이름을 하나하나 손으로 짚어 내려가는 할아버지를 보고 아빠가 속삭였어요.
"전쟁터에서 함께 싸운 전우의 이름을 찾고 계신지도 모르겠구나."

보따리를 이고 지고 피난 가는 가족의 모습을 담은 사진이에요. 집을 두고 어디로 가야 할지 얼마나 막막하고 무서웠을까요?

#피난민들 #한국 전쟁 #어디로 가야 하나

#끊어진 한강 다리 #두 유 노 더 코리안 워?

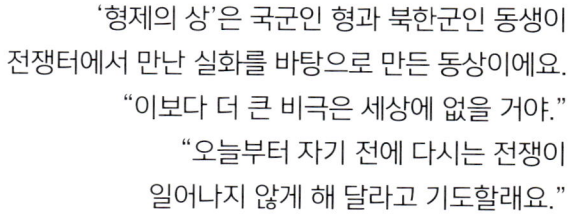

한국 전쟁 때 북한군에게 빼앗겼던 서울을 다시 찾은 날, 정부 청사 건물 앞 태극기를 올리는 모습이에요. 나도 군인 아저씨와 함께 줄을 당겨 태극기를 높이 올려 보았어요.

전쟁기념관에는 외국인 관람객이 생각보다 많았어요. 끊어진 한강 다리를 뚫어져라 바라보는 저 외국인 아저씨는 무슨 생각을 하고 있을까요?

'형제의 상'은 국군인 형과 북한군인 동생이 전쟁터에서 만난 실화를 바탕으로 만든 동상이에요.
"이보다 더 큰 비극은 세상에 없을 거야."
"오늘부터 자기 전에 다시는 전쟁이 일어나지 않게 해 달라고 기도할래요."

#형제의 상 #전쟁터 실화 #적군으로 만난 형제

#효창공원 #백범김구기념관 #김구 동상

효창공원의 백범김구기념관은 김구 선생님을 기리는 공간이에요. 김구 선생님은 일제 강점기 때는 중국에 임시 정부를 세워 독립운동을 이끌었고, 해방 뒤에는 우리 힘으로 남북한이 하나 된 나라를 세우려 애썼지요. 그 꿈을 이루기 전 암살되었다고 하니 정말 안타까운 일이에요.

#삼의사묘 #독립운동 #마침내 조국으로

김구 선생님이 독립을 위해 목숨을 바친 이봉창, 윤봉길, 백정기 의사의 유골을 찾아와 모신 삼의사묘예요. 세 무덤 옆에는 안중근 의사의 빈 무덤도 있어요. 언젠가 유골을 찾으면 여기 모실 거래요.

#권율 장군 #행주 대첩 #백성과 함께 일군 승리

행주산성은 임진왜란 때 권율 장군이 이끄는 조선군과 백성들이 힘을 합쳐 일본군을 크게 무찌른 곳이에요. 이 승리는 행주 대첩이라고 해서 진주 대첩, 한산 대첩과 함께 임진왜란 3대 대첩으로 꼽혀요. 행주 대첩 때 여자들이 긴치마를 짧게 잘라 허리에 두르고 돌을 나른 데서 행주 치마라는 말이 생겨났다는 이야기가 있지만, 역사적인 근거는 없대요. 다만 백성들이 이 싸움을 승리로 이끄는 데 중요한 역할을 해서 생겨난 이야기일 거래요. 그래서 권율 장군 동상 뒤에는 함께 싸운 군사와 백성들의 모습이 새겨져 있어요.

대첩비각은 행주 대첩의 큰 승리를 기념하기 위해 세운 비석이에요. "글자가 지워져 잘 안 보여요."
"400년이 넘도록 비바람을 맞았으니 그럴 만도 하지."

 여긴 어디?

경의중앙선 **임진강역**에 내려 **임진각평화누리**로 갔어요. 여기서는 북한 땅이 서울보다 가까워요. 서울까지 거리가 53킬로미터인데, 휴전선까지는 고작 7킬로미터거든요.

"아빠, 다리 이름이 '내일의기적소리'래요. 뭔가 좀 웃겨요."

"이 다리는 한국 전쟁 때 끊어진 독개다리라는 철교를 전쟁 전 모습으로 재현해 놓은 거란다. 언젠가는 이 다리가 북녘땅까지 이어져 기차가 달려가길 바라는 마음으로 지은 이름이래."

바람의언덕에는 3000개가 넘는 바람개비가 돌아가고 있어요. 통일을 기다리는 간절한 바람도 함께 돌아가고 있지요.

망배단은 북녘땅에서 내려온 사람들이 명절이면 찾아와 고향과 가족을 그리며 차례를 지내는 곳이에요.

한국 전쟁 때 총격을 받아 멈춰 선 증기 기관차예요. 잔뜩 녹이 슨 기관차에는 총탄 자국이 아직도 남아 있어요.

 더 알아보아요

지하철과 도시 철도

지하철은 땅속에 굴을 파서 놓은 철도를 말해요. 요즘은 지상으로 다니는 전철도 많아서 지하철과 지상철을 아울러 도시 철도라고 불러요. 도시 철도의 가장 큰 장점은 도로의 교통 신호에 방해받지 않는 데다 차가 밀릴 일이 없어서 빠르다는 거예요. 운행 시간도 거의 정확해서 약속 시간을 지키기에는 도시 철도만 한 교통수단이 없지요. 비나 눈이 많이 내려도 크게 영향 받지 않고 정상적으로 운행할 수 있고요. 버스 몇십 대분의 승객을 한 번에 실어 나를 수 있다는 것도 큰 장점이에요. 그래서 우리나라뿐 아니라 세계의 대도시에서는 도시 철도를 주요 교통수단으로 이용하고 있답니다.

세계 지하철의 역사

지하철이 처음 생겨난 건 160년 전쯤이에요. 1863년 세계 최초로 영국 런던에서 '메트로폴리탄 철도'가 개통되었거든요. 그런데 오늘날과 같은 전기 철도가 아니라 석탄을 연료로 쓰는 증기 기관차였어요. 지하 터널 속에서 시커먼 연기를 마구 내뿜으며 달리는데도 당시에는 큰 인기를 끌었다고 해요. 개통한 첫해에만 1000만 명이 넘는 사람들이 탈 정도였으니까요. 그러다 1890년 런던에서 전기로 움직이는 지하철이 운행되면서 전기 철도의 시대가 열렸어요. 곧이어 1896년 헝가리 부다페스트, 1897년 미국 보스턴, 1900년 프랑스 파리, 1902년 독일 베를린, 1904년 미국 뉴욕에서 지하철이 건설되었어요. 아시아에서는 1927년 일본 도쿄에서 처음 지하철이 개통되었고, 우리나라는 1971년 공사가 시작되어 1974년에 개통되었답니다.

세계 최초의 지하철인 영국 메트로폴리탄 철도를 그린 판화

열차가 지나는 터널이 튜브처럼 둥근 모양이라 '튜브'라고 불리는 영국 지하철

유네스코 세계 문화유산에 등재된 헝가리 부다페스트 지하철 ⓒshutterstock

아시아의 첫 지하철인 일본 지하철 긴자선 ⓒDXR CC BY-SA

1963년 서울 시내를 달리던 노면 전차의 모습 ⓒ서울특별시

1974년 개통된 1호선 지하철을 이용하는 시민들 ⓒ서울특별시

우리나라 지하철의 역사

우리나라 최초의 지하철은 1974년에 개통된 서울 지하철 1호선이에요. 8월 15일 광복절을 맞아 서울역에서 청량리 구간이 개통되었지요. 1960년대 중반까지만 해도 서울의 주요 교통수단은 도로 위를 전기로 달리는 노면 전차였어요. 하지만 노면 전차는 속도가 느리고 고장도 잦아서 시민들의 불만이 많았어요. 결국 1968년 전차 운행이 중단되면서 버스가 주요 교통수단이 되었지요. 그런데 버스로도 점점 늘어나는 서울 인구와 커져 가는 서울을 감당하기가 어려웠어요. 교통 체증이 날이 갈수록 심해지자, 마침내 땅속으로 달리는 지하철을 건설하게 되었답니다.

서울 지하철 1호선은 경기도 의정부와 인천, 충청남도 천안까지 이어지면서 '수도권 전철 1호선'으로 거듭났어요. 오늘날 서울과 수도권에는 1호선부터 9호선까지 9개 노선에 경강선, 경의중앙선, 경춘선, 공항철도, 서해선, 수인분당선, 신분당선, 김포골드라인, 용인에버라인, 우이신설선, 의정부 경전철, 인천 1, 2호선과 인천공항 자기부상철도까지 모두 23개 노선이 운행되고 있어요. 전체 노선의 전철역 수만 자그마치 750개가 넘고 총길이는 1200킬로미터에 이르러요. 서울에서 부산까지 거리가 450킬로미터이니 서울과 부산을 왕복하고도 남는 거리지요. 지금도 노선과 역은 계속 늘어나고 있어요. 지방에서는 1985년 부산광역시에 처음으로 지하철이 개통되었어요. 지금은 부산광역시에 4개 노선, 대구광역시 3개 노선, 대전광역시 1개 노선, 광주광역시 1개 노선이 운행되고 있어요.

객차 사이 출입문이 없어 첫 칸과 끝 칸이 한눈에 보이는 대전 지하철 ⓒ대전교통공사

국내 첫 무인 경전철인 부산 4호선 열차 ⓒMinseong Kim CC BY-SA

더 가 보아요

부산 지하철

1985년에 개통된 부산 지하철은 부산광역시와 경상남도 김해시, 양산시에서 운행되고 있어요. 1, 2, 3, 4호선과 부산김해경전철, 동해선까지 총 6개 노선이 운행 중이고, 모두 150개 역이 있어요.

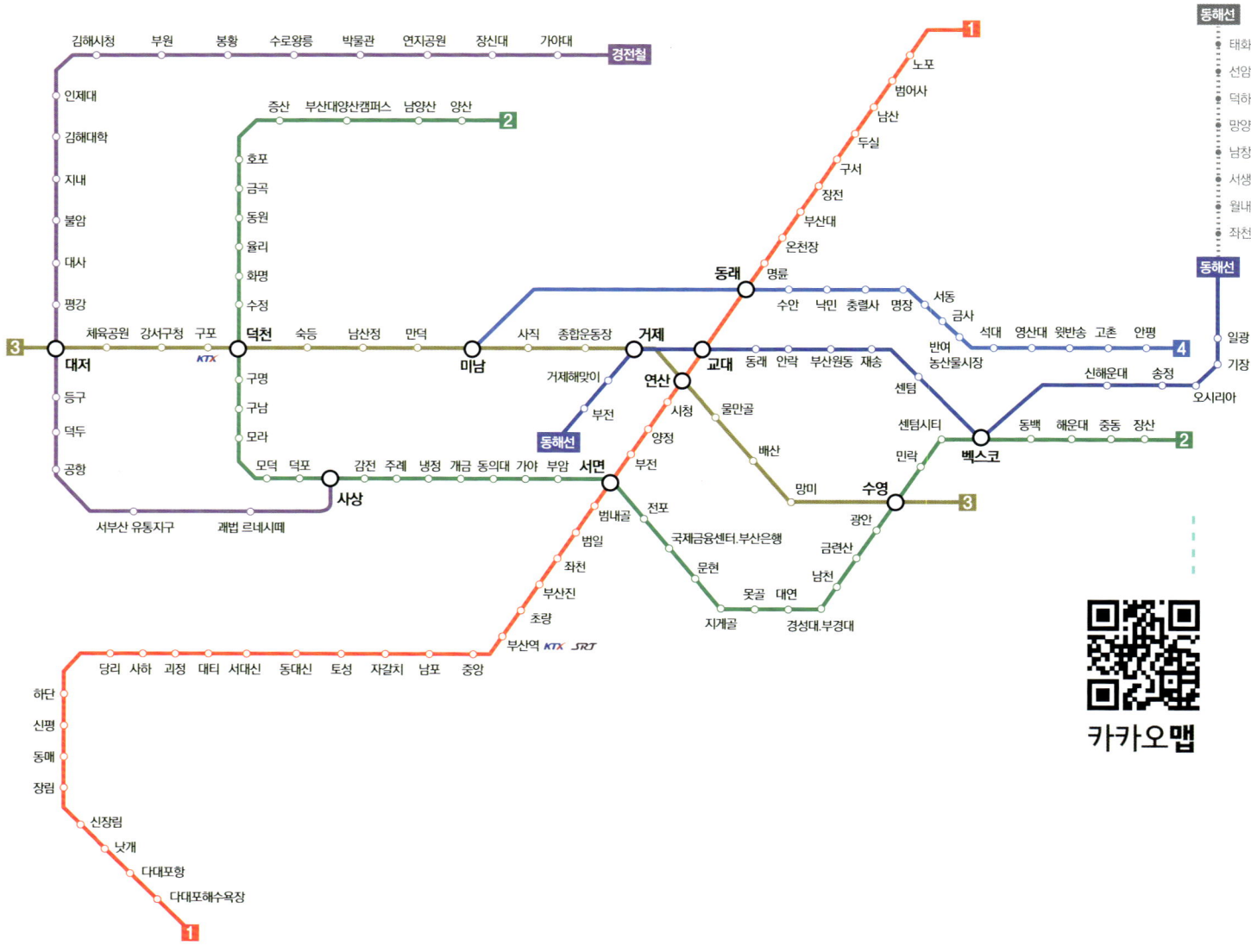

광주 지하철

2004년 개통된 광주 지하철은 광주광역시 지역 내에서 운행 중이에요. 현재 1호선 한 노선이 있고, 역은 모두 20개예요. 광주 지하철은 몇 개의 역을 통과하든 상관없이 똑같은 요금을 내고 탈 수 있어요.

대구 지하철

1997년에 개통된 대구 지하철은 대구광역시와 경산시에서 운행되고 있어요. 현재 1, 2, 3호선 3개 노선이 운행 중이고, 역은 모두 91개예요. 대구 지하철은 세 개 노선 어디를 가든 똑같은 요금을 내고 탈 수 있어요.

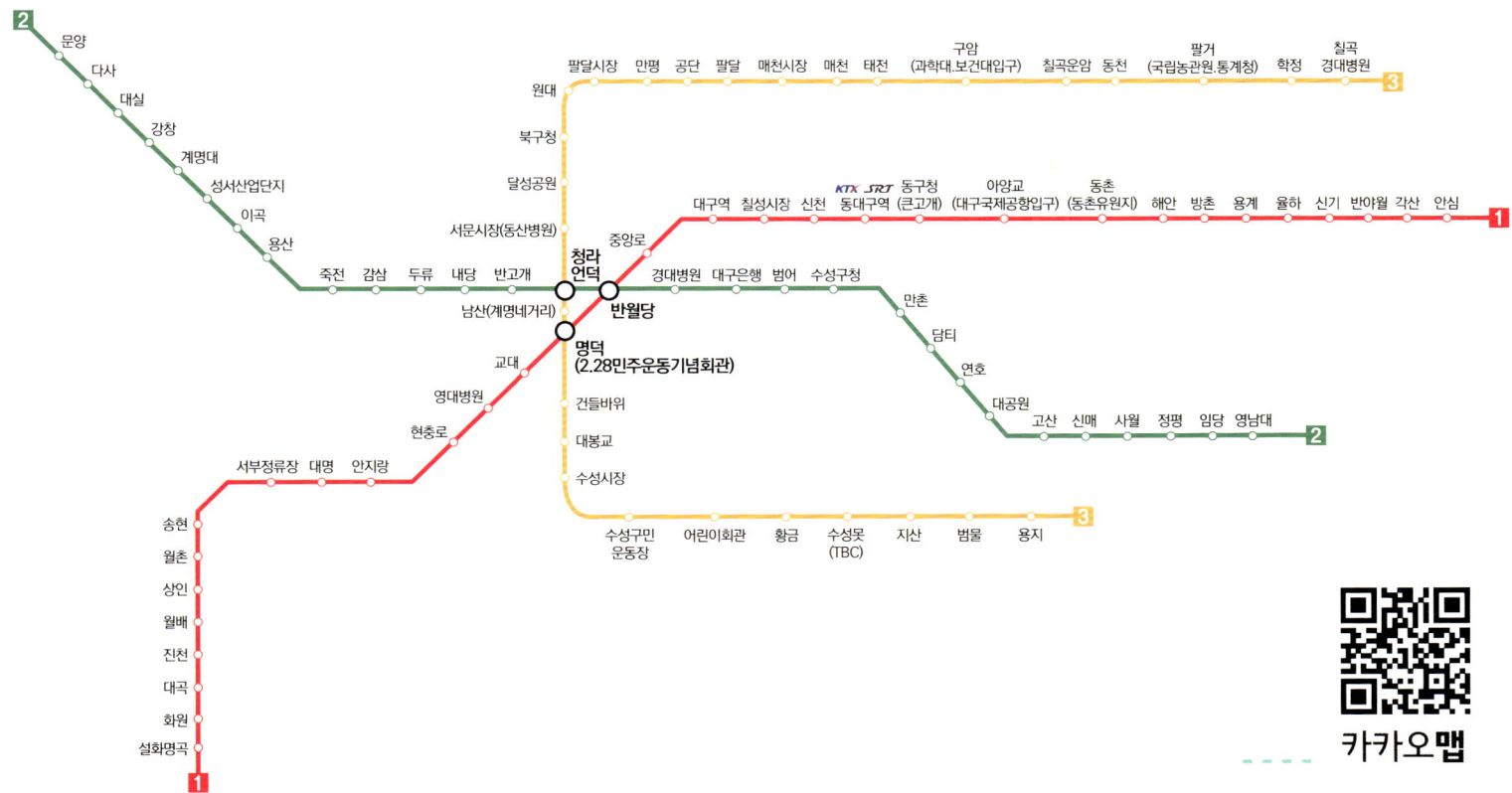

대전 지하철

2006년 개통된 대전 지하철은 대전광역시를 동에서 서로 가로지르며 운행되고 있어요. 현재 1호선만 있고, 22개 역이 있어요. 대전 지하철의 첫 번째 역에서 마지막 역까지는 지하철로 40분이 걸려요.

찾아보기

ㄱ

가락농수산물종합도매시장 · 19, 49
가락시장역 · 19, 49
가산디지털단지역 · 7, 42
가양역 · 54, 57
가오리역 · 2
가좌역 · 72
가평역 · 61, 62
간석역 · 6
갈매역 · 60
강남구청역 · 43
강남역 · 13, 17
강동구청역 · 49
강동역 · 31
강매역 · 72
강변역 · 13
강촌역 · 61, 63
개롱역 · 31
개봉역 · 7
개화산역 · 30
개화역 · 54
거여역 · 31
건대입구역 · 13, 43
경마공원역 · 25
경복궁 · 7, 18, 19, 20, 30
경복궁역 · 19, 20
경찰병원역 · 19
경회루 · 19, 20, 32
경희궁 · 31
고덕역 · 31
고려대역 · 37
고속터미널역 · 19, 43, 55
고양시청 · 18, 72
고양아람누리 · 18
고양어울림누리 · 18
고양종합운동장 · 18, 72
고양종합터미널 · 18
고잔역 · 24, 67
곡산역 · 72
공덕역 · 30, 36, 72
공릉역 · 43
공항시장역 · 54
과천시청 · 25
과천역 · 25
관악산 · 7, 12, 24

관악역 · 7
광나루역 · 31
광명사거리역 · 42
광명역 · 7
광운대역 · 60
광장시장 · 7, 8
광화문 · 7, 19, 20, 31, 33
광화문광장 · 7, 31
광화문역 · 30, 31, 33
광흥창역 · 36
교대역 · 13, 19
구곡폭포 · 61, 63
구러시아공사관 · 31, 33
구로디지털단지역 · 12
구로역 · 7
구리역 · 72
구반포역 · 55
구산역 · 36
구의역 · 13
구일역 · 7
구파발역 · 18
국립고궁박물관 · 19, 21
국립국악박물관 · 23
국립국악원 · 19, 23
국립극장 · 25, 37
국립서울현충원 · 12, 25, 43, 55
국립어린이청소년도서관 · 13, 16, 17
국립중앙도서관 · 13, 43, 55
국립중앙박물관 · 12, 25, 36
국립현대미술관 · 19, 25, 31
국수역 · 73
국회도서관 · 30
국회의사당 · 12, 30, 32, 54
국회의사당역 · 32, 54
군자역 · 31, 43
굴봉산역 · 61
굴포천역 · 42
굽은다리역 · 31
근정전 · 19, 20
금곡역 · 60
금릉역 · 72
금정역 · 6, 24
금천구청역 · 7
금촌역 · 72
금호역 · 19

길동역 · 31
길음역 · 25
김유정문학촌 · 61, 63
김유정역 · 61, 63
김포공항역 · 30, 54, 58
김포국제공항 · 30, 54, 58
까치산역 · 12, 30
까치울역 · 42

ㄴ

낙성대 · 12
낙성대역 · 12
난지천공원 · 40, 41
남구로역 · 42
남대문(숭례문) · 7, 25
남대문시장 · 7, 25
남동인더스파크역 · 67
남부터미널역 · 19, 22
남산 · 7, 12, 19, 26, 31, 37
남산골한옥마을 · 19, 21, 25
남산봉수대 · 7, 27
남산서울타워 · 7, 25, 26, 27
남성역 · 43
남영역 · 7
남이섬 · 61, 62
남춘천역 · 61
남태령역 · 25
남한산성 · 48, 49, 50
남한산성입구역 · 49, 50
내방역 · 43
노들섬 · 12, 54
노들역 · 54
노량진수산물도매시장 · 30, 54, 56
노량진역 · 7, 54, 56
노원역 · 25, 43
노을공원 · 36, 41
녹번역 · 18
녹사평역 · 36
논현역 · 43
능곡역 · 72
능길역 · 24, 67

ㄷ

단대오거리역 · 49
달월역 · 67
답십리역 · 31
당고개역 · 25
당산역 · 12, 54
당정역 · 6
대곡역 · 18, 72
대공원역 · 25, 28
대림역 · 12, 42
대방역 · 7
대법원 · 13, 43, 55
대성리역 · 60
대야미역 · 24
대청역 · 19
대치역 · 19
대화역 · 18
대흥역 · 36
덕소역 · 73
덕수궁 · 7, 12, 30, 31
덕정역 · 7
도곡역 · 19
도농역 · 73
도림천역 · 12
도봉산역 · 7, 43
도심역 · 73
도원역 · 6
도화역 · 6
독립기념관 · 6
독립문 · 18
독립문역 · 18
독바위역 · 36
돌곶이역 · 37
동대문(흥인지문) · 7, 19, 25, 31
동대문디자인플라자 · 7, 13, 25, 31, 34
동대문역 · 7, 25
동대문역사문화공원 · 34, 35
동대문역사문화공원역 · 13, 25, 31, 34
동대입구역 · 19
동두천역 · 7
동묘 · 7, 37
동묘앞역 · 7, 8, 37, 38
동서울종합터미널 · 13
동암역 · 6
동인천역 · 6
동작역 · 25, 55

두물머리 · 60, 73
두정역 · 6
둔촌동역 · 31
둔촌오륜역 · 55
등촌역 · 54
디지털미디어시티 · 36, 40
디지털미디어시티역 · 36, 40, 72
뚝섬역 · 13
뚝섬유원지역 · 43, 44

ㄹ
롯데월드 · 49
롯데월드타워 · 13, 49, 55

ㅁ
마곡나루역 · 54
마곡역 · 30
마두역 · 18
마들역 · 43
마로니에공원 · 24, 25, 26
마석역 · 60
마장역 · 31
마천역 · 31
마포구청 · 36
마포구청역 · 36
마포역 · 30
망우역 · 60, 72
망원역 · 36
매봉역 · 19
먹골역 · 43
면목역 · 43
명동역 · 25, 26
명일역 · 31
모란민속장 · 49
모란역 · 49
목동역 · 30
목동종합운동장 · 30, 42, 54
몽촌토성 · 49, 51
몽촌토성역 · 15, 49, 51
무악재역 · 18
문래역 · 12
문산역 · 72
문정역 · 49

문화역서울284 · 7, 10
미사역 · 31
미아사거리역 · 25
미아역 · 25

ㅂ
반월역 · 24
반포역 · 43
발산역 · 30
방배역 · 13
방이역 · 31
방화역 · 30
배방역 · 6
백마역 · 72
백범김구기념관 · 36, 75
백석역 · 18
백운역 · 6
버티고개역 · 37
범계역 · 24
별내역 · 60
병점역 · 6
보라매역 · 43
보문역 · 2, 37
보신각 · 7, 9
복정역 · 49
봉명역 · 6
봉은사역 · 55
봉천역 · 12
봉화산역 · 37
부개역 · 6
부천시청 · 42
부천시청역 · 42
부천역 · 6
부천종합운동장역 · 42
부평구청역 · 42
부평역 · 6
북악산 · 7
북한산 · 7, 43
북한산보국문역 · 2
북한산우이역 · 2
불광역 · 18, 36

ㅅ
사가정역 · 43
사당역 · 12, 25
사릉역 · 60
4·19민주묘지역 · 2
사평역 · 55
산본역 · 24
산성역 · 49
삼각지역 · 25, 36, 74
삼산체육관역 · 42
삼성역 · 13
삼성중앙역 · 55
삼송역 · 18
삼양사거리역 · 2
삼양역 · 2
삼전역 · 55
상계역 · 25
상도역 · 43
상동역 · 42
상록수역 · 24
상봉역 · 43, 60, 72
상봉터미널 · 43
상수역 · 36
상왕십리역 · 13
상월곡역 · 37
상일동역 · 31
상천역 · 61
새절역 · 36
샛강역 · 32, 54, 55, 56
서강대역 · 72
서대문역 · 30, 31, 33
서대문형무소역사관 · 18
서빙고역 · 27, 72
서울고속버스터미널 · 19, 43, 55
서울남부터미널 · 19
서울대공원 · 25, 28
서울대입구역 · 12
서울도서관 · 7, 9, 12, 31
서울동물원 · 25
서울랜드 · 25
서울로7017 · 11
서울법원종합청사 · 13, 43
서울서예박물관 · 22
서울석촌동고분군 · 49, 50, 55
서울숲 · 13, 25, 43
서울시립과학관 · 43

서울시립미술관 · 31
서울식물원 · 30, 54
서울암사동유적 · 49, 52
서울약령시 · 7, 8
서울역 · 7, 10, 25, 72
서울역사박물관 · 30, 31
서울특별시의회 · 7
서울특별시청 · 7, 9, 12, 31
서초역 · 13
석계역 · 37
석촌고분역 · 50, 55
석촌역 · 49, 50, 55
석촌호수 · 13, 49, 55
선릉역 · 13
선바위역 · 25
선유도 · 12, 36, 39, 54
선유도공원 · 39
선유도역 · 39, 54
선정릉역 · 55
성수역 · 13, 15
성신여대입구역 · 2, 25
성환역 · 6
세류역 · 6
세종문화회관 · 7, 30, 31, 33
센트럴시티터미널 · 19, 43, 55
소래포구어시장 · 67, 69
소래포구역 · 67, 69
소사역 · 6
소요산역 · 7
솔샘역 · 2
송내역 · 6
송도역 · 67
송정역 · 30
송파나루역 · 55
송파역 · 49
수락산 · 25, 43, 46
수락산역 · 43, 46
수리산도립공원 · 24
수리산역 · 24
수색역 · 72
수서역 · 19
수원시청 · 6
수원역 · 6
수원화성 · 6
수유역 · 25

 찾아보기

수진역 · 49
숙대입구역 · 25
숭실대입구역 · 43
숭의역 · 67
시청역 · 7, 9, 12, 33
신금호역 · 31
신길역 · 7, 30
신내역 · 37, 60
신논현역 · 55
신답역 · 13
신당역 · 8, 13, 37
신대방삼거리역 · 43
신대방역 · 12
신도림역 · 7, 12
신림역 · 12
신목동역 · 54
신반포역 · 55
신방화역 · 54
신사역 · 19
신설동역 · 2, 7, 13
신용산역 · 25
신원역 · 73
신정네거리역 · 12
신정역 · 30
신중동역 · 42
신창역 · 6
신촌역(2호선) · 12
신촌역(경의중앙선) · 72
신포역 · 67
신풍역 · 43
신흥역 · 49
쌍문역 · 25

ㅇ

아산역 · 6
아신역 · 73
아차산역 · 31
아현역 · 12
안국역 · 19, 21
안산시청 · 24
안산역 · 24, 67
안암역 · 37
안양시청 · 7, 24
안양역 · 7

암사역 · 49, 52
압구정역 · 19
애오개역 · 30
야당역 · 72
약수역 · 19, 37
양수역 · 73
양원역 · 72
양재역 · 19
양정역 · 73
양주역 · 7
양천구청역 · 12
양천향교역 · 54
양평역(5호선) · 30
양평역(경의중앙선) · 73
어린이대공원역 · 43, 45
언주역 · 55
SBS · 40, 54
SRT수서역 · 19, 49
MBC · 40
여의나루역 · 30, 32
여의도샛강생태공원 · 54, 55, 56
여의도역 · 30, 32, 54
역곡역 · 6
역삼역 · 13
역촌역 · 36
연수역 · 67
연신내역 · 18, 36
염창역 · 54
영등포구청역 · 12, 30
영등포시장역 · 30
영등포역 · 7
예술의전당 · 19, 22, 25
오금역 · 19, 31
오류동역 · 6
오목교역 · 30
오빈역 · 73
오산대역 · 6
오산역 · 6
오이도선사유적공원 · 66, 68
오이도역 · 24, 67, 68
오이도항 · 24, 67
옥수역 · 19, 72
온수역 · 6, 42
온양온천역 · 6
올림픽공원 · 31, 49, 51, 55

올림픽공원역 · 31, 55
왕십리역 · 13, 31, 72
용답역 · 13
용두역 · 13
용마산역 · 43, 45
용마폭포공원 · 43, 45
용문역 · 73
용산가족공원 · 25, 27, 36
용산역 · 7, 36, 72, 74
우장산역 · 30
우표박물관 · 13, 14
운길산역 · 73
운정역 · 72
운현궁 · 19
원당역 · 18
원덕역 · 73
원인재역 · 67
원흥역 · 18
월곡역 · 37
월곶역 · 67
월드컵경기장역 · 36
월롱역 · 72
월미테마파크 · 6, 66, 71
63빌딩 · 30, 32, 54
을지로3가역 · 13, 19
을지로4가역 · 13, 31
을지로입구역 · 12, 14
응봉역 · 72
응암역 · 36
의암호 · 61, 64
의왕역 · 6
의정부역 · 7
이간수문 · 34, 38
이대역 · 12
이수역 · 25, 43
이촌역 · 25, 27, 72
이태원역 · 37
인덕원역 · 24
인사동 · 19, 21
인천광역시청 · 6, 67
인천국제공항 · 66
인천논현역 · 67
인천문학경기장 · 6, 67
인천역 · 6, 67, 70
인천종합어시장 · 66

인천항 · 6, 66, 67, 70, 71
인천항국제여객터미널 · 66, 70
인천항연안여객터미널 · 66, 70
인하대역 · 67
일산역 · 72
일산호수공원 · 18, 72
일원역 · 19
임진각평화누리 · 72, 76
임진강역 · 72, 76

ㅈ

자라섬 · 61, 62
잠실나루역 · 13, 15
잠실새내역 · 13
잠실역 · 13, 49
잠실종합운동장 · 13, 43, 44, 49, 55
잠원역 · 19
장승배기역 · 43
장암역 · 43
장지역 · 49
장충체육관 · 19
장한평역 · 31
전쟁기념관 · 36, 72, 74
절두산순교성지 · 12, 36
정동극장 · 31
정동제일교회 · 31, 33
정릉역 · 2
정발산역 · 18
정부과천청사역 · 25
정왕역 · 24, 67
제기동역 · 7, 8
제물포역 · 6
종각역 · 7, 9
종로3가역 · 7, 19, 31
종로5가역 · 7, 8
종묘 · 7, 19, 31
종합운동장역 · 13, 55
주안역 · 6
주엽역 · 18
중계역 · 43
중곡역 · 43
중동역 · 6
중랑역 · 60, 72
중앙보훈병원역 · 55

중앙역 · 24
중화역 · 43
증미역 · 54
증산역 · 36
지축역 · 18
지평역 · 73

ㅊ

창경궁 · 19
창덕궁 · 19
창동역 · 25
창신역 · 37
천마산역 · 60
천안시청 · 6
천안역 · 6
천왕역 · 42
천호역 · 31, 49, 51
철도박물관 · 6
철산역 · 42
청계광장 · 12, 36
청계천 · 7, 13, 25, 31, 36, 37, 38, 72
청구역 · 31, 37
청담역 · 43
청량리역 · 7, 60, 72
청와대 · 7
청평역 · 61
초지역 · 24, 67
총신대입구역 · 25, 43
춘의역 · 42
춘천시청 · 61
춘천역 · 61, 64
춘천호 · 61
충무로역 · 19, 21, 25
충정로역 · 12, 30

ㅋ

KBS · 30
킨텍스 · 18, 72

ㅌ

탄현역 · 72
탑골공원 · 7, 31

태릉 · 37
태릉선수촌 · 60
태릉입구역 · 37, 43
테헤란로 · 17
퇴계원역 · 60

ㅍ

파주시청 · 72
파주역 · 72
팔당역 · 73
평내호평역 · 60
평촌역 · 24
평택역 · 6
풍납토성 · 49, 51
풍산역 · 72

ㅎ

하계역 · 43
하남풍산역 · 31
하늘공원 · 36, 40
학동역 · 43
학여울역 · 19
한가람미술관 · 22
한강진역 · 37
한국만화박물관 · 6
한국영화박물관 · 40
한국은행화폐박물관 · 12, 14
한국이민사박물관 · 66
한국종합무역센터(코엑스) · 13, 43, 55
한남역 · 72
한대앞역 · 24
한미사진미술관 · 13, 15
한성대입구역 · 25
한성백제역 · 55
한양대역 · 13
합정역 · 12, 36, 39
행당역 · 31
행신역 · 72, 75
행주산성 · 18, 72, 75
허준박물관 · 54, 57
헌법재판소 · 19
혜화역 · 25, 26
호구포역 · 67

홍대입구역 · 12, 72
홍제역 · 18
화계역 · 2
화곡역 · 30
화랑대역 · 37
화전역 · 72
화정역 · 18
황학동벼룩시장 · 7, 8
회기역 · 60, 72
회현역 · 14, 25
효창공원 · 36, 75
효창공원앞역 · 36, 72, 75
효창운동장 · 36, 72
흑석역 · 54

김성은 글

오랫동안 어린이책을 기획하고 글을 써 왔습니다. 2021년 〈동시마중〉으로 등단하여 요즘엔 동시 쓰기에 푹 빠져 있습니다. 그동안 《우리 땅 기차 여행》, 《한강을 따라 가요》, 〈토토 지구 마을〉 시리즈 들을 기획했고, 《그때, 나무 속에서는》, 《그때, 상처 속에서는》, 《지도 펴고 세계 여행》, 《우리 땅 노래 그림책》, 《마음이 퐁퐁퐁》, 《바람숲 도서관》, 〈같이 사는 가치〉 시리즈 들에 글을 썼습니다. 지도책을 한 권 한 권 만들면서 저의 세계가 점점 커지고 새로워지는 것을 느낄 수 있었습니다. 독자 여러분도 즐겁게 지도 여행을 하며 자신만의 이야기를 차곡차곡 쌓아 가길 바랍니다.

한태희 그림

지금까지 40권이 넘는 그림책의 글을 쓰고 그림을 그렸습니다. 이 책의 그림을 그리려고 3년이 넘는 시간 동안 서울과 수도권 구석구석을 지하철로 답사했습니다. 그러면서 서울과 수도권의 전철역 주변에 정말 멋진 곳이 많다는 사실을 알게 되었지요. 그 경험을 어린이와 함께 나눌 수 있어서 무척 행복합니다. 앞서 나온 《우리 땅 기차 여행》, 《지도 펴고 세계 여행》과 마찬가지로 우리가 사는 세상의 이모저모를 평안하면서도 꼼꼼하게 표현하기 위해 연필과 색연필을 써서 이 책의 그림을 그렸습니다.

지식곰곰 06 입체 지도로 보는 우리 역사 문화

ⓒ 김성은·한태희, 2021

초판 1쇄 발행 2021년 3월 25일 | 초판 5쇄 발행 2025년 2월 20일 | ISBN 979-11-5836-223-2, 978-89-93242-95-9(세트)
펴낸이 임선희 | 펴낸곳 ㈜책읽는곰 | 출판등록 제2017-000301호 | 주소 서울시 마포구 성지길 48 | 전화 02-332-2672~3
팩스 02-338-2672 | 홈페이지 www.bearbooks.co.kr | 전자우편 bear@bearbooks.co.kr
SNS Instagram@bearbooks_publishers

편집 우지영, 우진영, 이다정, 최아라, 박혜진, 김다예, 윤주영, 도아라, 홍은채 | 디자인 김은지, 윤금비 | 마케팅 정승호, 배현석, 김선아, 이서윤, 백경희 | 경영관리 고성림, 이민종 | 저작권 민유리 | 협력업체 이피에스, 두성피앤엘, 월드페이퍼, 원방드라이보드, 해인문화사, 으뜸래핑, 문화유통북스

이 책은 저작권법에 따라 보호받는 저작물이므로 무단 전재와 무단 복제를 금합니다.
이 책 내용의 전부 또는 일부를 사용하시려면 반드시 저작권자와 출판사의 동의를 얻어야 합니다.

KC마크는 이 제품이 공통안전기준에 적합하였음을 의미합니다.
제조국 : 대한민국 | 사용 연령 : 3세 이상
책 모서리에 부딪히거나 종이에 베이지 않도록 주의해 주세요.